Bibliothek
des Freizeitmalers

Porträts in Öl

Text von Wendon Blake

Bildbeispiele
von George Passantino

Otto Maier Verlag
Ravensburg

CIP-Kurztitelaufnahme der Deutschen Bibliothek

Blake, Wendon:
Porträts in Öl / Text von Wendon Blake. Bildbeispiele von George Passantino. - 1. Aufl. - Ravensburg : Maier, 1979.
(Bibliothek des Freizeitmalers)
Einheitssacht.: Portraits in oil [dt.]
ISBN 3-473-48206-4

Die amerikanische Originalausgabe erschien unter dem Titel: Blake, Wendon: Portraits in Oil
Watson Guptill Publications, New York

Übersetzung: Karin Kemper
Umschlaggestaltung: Manfred Burggraf
Printed in Germany

82 81 80 79 5 4 3 2 1

ISBN 3-473-48206-4

Porträts in Öl Es werden mehr Porträts in Öl als in einer anderen Maltechnik gemalt. Seit Jahrhunderten ist die Ölmalerei die beliebteste Maltechnik der Porträtmaler - und der Grund ihrer Popularität liegt in der einzigartigen Eigenschaft der Farbe selbst.

Was ist Ölfarbe? Wie bei jeder anderen Künstlerfarbe bestehen auch die Farbsubstanzen der Ölfarbe aus trockenem, farbigem Pulver - Pigmente genannt. Die Pigmente werden mit einem Pflanzenöl - dem Leinöl - angerieben, das aus den Samenkörnern des Flachses ausgepreßt wird, dessen Fasern zur Leinenherstellung dienen. Die Pigmente und das Öl ergeben eine dicke, leuchtende Paste, die der Hersteller in Tuben anbietet. Das Öl bewirkt die geschmeidige Konsistenz, durch die die Ölfarbe sich so mühelos auf der Leinwand verstreichen läßt. Das Öl erhärtet sehr langsam auf dem Malgrund und gestattet Ihnen, viele Stunden am Bild zu arbeiten, zu experimentieren und beliebig Veränderungen vorzunehmen. Das Leinöl wird Bindemittel genannt. Von gleicher Wichtigkeit ist noch eine andere Flüssigkeit in der Ölmalerei: ein Lösungsmittel, das die Farben dünnflüssiger werden läßt und das aus dem Farbauftrag wieder verdunstet. Als Lösungsmittel dient normalerweise Terpentinöl, obwohl einige Maler Testbenzin verwenden, das die gleiche Wirkung erzielt und einen Versuch wert ist, wenn Sie allergisch gegen Terpentin sind. Ölmaler fügen der Tubenfarbe im allgemeinen ein wenig Leinöl und ein wenig Terpentinöl zur besseren Streichfähigkeit hinzu.

Umgang mit Ölfarbe Die satte, ölige Konsistenz der Farbe schätzen die Ölmaler besonders. In Tubenkonsistenz ist die Farbe eine dicke, halbflüssige Paste, aber wenn Sie nur ein wenig Leinöl und Terpentin hinzufügen, wird die Konsistenz der Farbe sahnig und eignet sich vortrefflich für die zarte Modellierung eines Gesichtes. Es ist ein großes Vergnügen, die erhellte Vorderansicht der Stirn in die schattige Seite der Augenbraue ineinander übergehend zu malen oder eine Spur Dunkelheit in den Vertiefungen der Wangen mit ein paar zarten Strichen hinzuzufügen. Die Farbe ist so streichfähig wie weiche Butter, so daß Sie einen Farbaufstrich sanft in einen anderen übergehen lassen können und wunderschöne Tonübergänge erzielen. Wenn Sie die Farbe mit mehr Lein- und Terpentinöl ansetzen, ist sie flüssig genug für die Wiedergabe feiner Linien und Details wie beispielsweise Haarsträhnen, die sich über dem Ohr kringeln oder Augapfel-Glanzlichter.

Trockenzeit Einer der größten Vorteile der Ölfarbe besteht in der langen Trockenzeit. Das Terpentinöl verdunstet in wenigen Minuten, aber das Öl verbleibt im Farbauftrag und erhärtet erst nach Tagen völlig. Das Öl enthält keine verdunstungsfähige Substanz, sondern erhärtet zu einem zähen Film. Einige Farben trocknen zwar schneller als andere, aber Ihre Malerei bleibt dennoch lange feucht genug, um Effekte zu erzielen, die in anderen Maltechniken nicht möglich sind. Sie können die Farben naß in naß über- und ineinander malen, bis Sie den Ton erhalten, der Ihnen vorschwebt. Sie können eine Partie mit dem Pinsel Strich für Strich übergehen, bis die Struktur so rauh oder glatt ist, wie Sie sie wünschen. Wenn Ihnen etwas mißlingt, schaben Sie die nasse Farbe einfach mit einem Messer heraus oder wischen sie mit einem Lappen und Terpentin weg.

Grundtechniken Ehe Sie mit dem Malen von Porträts in Farbe beginnen, müssen Sie sich mit dem Aufbau des Kopfes befassen. Daher geht dieses Buch nach einem kurzen Überblick über Farben, Malmittel und Malutensilien auf die durchschnittlichen Proportionen eines Kopfes und die Anordnung der Gesichtszüge ein. Dann malt der Porträtmaler George Passantino für Sie eine Reihe schrittweise aufgebauter Abbildungen in Schwarzweiß. Zunächst weist er Sie in die Darstellung eines Kopfes in seiner Gesamtform ein, anschließend in das Malen von Auge, Mund, Nase und Ohr in vergrößerter Ausführung. Diese Schwarzweiß-Abbildungen sind wesentlich, weil sie verdeutlichen, wie sich die Grundformen des Kopfes und der Gesichtszüge durch den Licht- und Schattenkontrast offenbaren. Beschäftigen Sie sich eingehend mit diesen Abbildungen und versuchen Sie die Wiedergabe von Köpfen ganz in Schwarzweiß - eine gute Übung, bevor Sie dazu übergehen, in Farbe zu malen.

Das Malen der Abbildungen Nach diesen Schwarzweiß-Abbildungen veranschaulicht Ihnen Passantino, wie man zehn verschiedene Porträts in Farbe malt. In diesen Abbildungen finden Sie eine weit gespannte Skala von Haut- und Haartönen. Sie erfahren, wie man die hellen Hauttöne von blonden und rothaarigen Modellen darstellt, die dunkleren Hauttöne, die typisch für brünette und dunkelhaarige Modelle sind, die tiefen Haut- und Haartöne eines Dunkelhäutigen und den wunderschönen Kontrast zwischen goldenem Teint und schwarzem Haar bei einem orientalischen Modell. Alle Abbildungen zeigen Ihnen, wie man zunächst eine einfarbige Zeichnung mit dem Pinsel auf der Leinwand ausführt, wie man Farben mischt und sie aufträgt, sie ineinander übergehen läßt, und die Formen modelliert; wie man letzte Details hinzufügt, die das fertige Porträt so lebendig gestalten.

Komposition, Beleuchtung, Zeichnung Nach den Abbildungen geben wir Ihnen Anregungen, wie Sie das Modell anleiten und posieren. Es werden Ihnen typische Fehler in der Komposition aufgezeigt und wie sich diese vermeiden lassen. Sie werden mit den verschiedenen Möglichkeiten, ein Porträt zu belichten, vertraut gemacht.

Farbauswahl Zum Mischen von Haut- und Haartönen bevorzugen Porträt- und Figurenmaler in erster Linie warme Farben: Rot-, Gelb-, Orange- und Brauntöne. Wie Sie gleich ersehen, dominieren diese Farben auf der Palette. Obwohl die Palette eine reichhaltige Auswahl an warmen Farben bietet, umfaßt sie kaum mehr als zwölf Farbtöne.

Rot Kadmiumrot hell ist ein leuchtendes Rot mit einem Stich ins Orange. Es hat ein hervorragendes Färbevermögen, d. h., daß eine Spur bei Mischungen mit anderen Farben genügt. Alizarinkrapplack ist ein dunkleres Rot, leicht ins Violette spielend. Venezianischrot ist ein kupferfarbener, brauner Ton mit ebenfalls ausgezeichnetem Färbevermögen. Venezianischrot ist eines der kupferfarbenen Pigmente, zu denen Indischrot, Englischrot, Lichter Ocker gebrannt und Terra Pozzuoli gehören. Einer dieser Farbtöne genügt.

Gelb Kadmiumgelb hell ist ein leuchtendes Sonnengelb und hat - wie alle Kadmiumpigmente - ein hervorragendes Färbevermögen. Lichter Ocker ist ein sanfter, gelbbrauner Farbton. Siena natur ist in Tubenkonsistenz ein dunkles, gelbliches Braun, das aber durch Hinzufügen von Weiß gelblicher wird - mit einer etwas goldeneren Tönung als Lichter Ocker. Mit Lichter Ocker und Siena natur erzielen Sie daher die gleiche Wirkung.

Kadmiumorange Kadmiumorange, das aus Kadmiumrot hell und Kadmiumgelb mühelos mischbar ist, gehört zu den entbehrlichen Farben - obwohl es bequem ist, diesen Farbton auf der Palette zu haben.

Braun Umbra gebrannt ist ein dunkles, tiefes Braun, Umbra natur ein mattes, stumpfes Braun, das durch Beimischen von Weiß zu einem goldenen Grau wird.

Blau Ultramarinblau ist ein dunkler, matter Farbton, leicht violett. Kobaltblau ist brillant und zart.

Grün Viele Berufsmaler, die sich mühelos eine weit gespannte Skala an Grüntönen aus Blau und Gelb auf ihrer Palette ermischen, halten Grün für entbehrlich. Es ist jedoch bequemer, eine Tube Grün zur Hand zu haben. Der klare, leuchtende Farbton des Chromoxydgrün feurig ist das Grün, das die meisten Maler bevorzugen.

Schwarz und Weiß Das von fast allen Ölmalern verwendete Standardschwarz ist Elfenbeinschwarz. Kaufen Sie entweder Zinkweiß oder Titanweiß; abgesehen von der chemischen Zusammensetzung gibt es kaum einen bedeutenden Unterschied zwischen diesen beiden Pigmenten. Kaufen Sie die größte Tube Weiß, die die Malbedarfsindustrie anbietet; Sie werden jede Menge davon benötigen.

Leinöl Die Tubenfarbe enthält zwar bereits Leinöl, aber der Hersteller fügt nur so viel hinzu, bis eine dicke Paste entsteht, die Sie in kleinen Mengen am Rand Ihrer Palette anordnen. Wenn Sie beim Malen flüssigere Farbe bevorzugen, kaufen Sie eine Flasche Leinöl und füllen Sie etwas davon in einen einfachen oder doppelten Palettstecker; das ist ein kleines Metallgefäß, das Sie an den Rand Ihrer Palette klemmen. Dann tauchen Sie Ihren Pinsel in das Öl, nehmen etwas Farbe mit der Pinselspitze auf und vermischen beides auf Ihrer Palette.

Terpentin Kaufen Sie sich eine große Flasche Terpentinöl und füllen Sie davon etwas in das zweite Gefäß Ihres doppelten Palettsteckers, damit Sie ein paar Tropfen Terpentinöl der Mischung aus Farbe und Leinöl hinzufügen können. Je nach dem Grad der Verdünnung mit Terpentinöl wird die Farbe flüssiger. Einige Maler stellen sich ein dünnflüssigeres Malmittel her, indem sie Lein- und Terpentinöl im Verhältnis 50:50 in einer Flasche mischen. Das eine Gefäß ihres Palettsteckers hält dieses Malmittel bereit und das andere Terpentinöl. Zum Reinigen Ihrer Pinsel während des Malens füllen Sie Terpentinöl in ein handgroßes Wasserglas und plazieren dieses in der Nähe Ihrer Palette. Wenn Sie die im Pinsel befindliche Farbe ausspülen und neue Farbe aufnehmen wollen, schwenken Sie den Pinsel in Terpentinöl und drücken die Borsten auf einer Zeitung aus.

Malmittel Das simpelste Malmittel ist die traditionelle Mischung aus Lein- und Terpentinöl im Verhältnis 50:50. Viele Maler kommen mit diesem Verdünnungsmittel für alle Zeiten aus, obwohl die Malbedarfsindustrie andere Malmittel anbietet. Drei der bekanntesten sind Dammar, Kopal und Mastix. Diese sind normalerweise eine Mischung aus Naturharz plus etwas Leinöl und Terpentin. Das Harz macht den Farbauftrag glänzender und beschleunigt seine Trocknung. Nach einem Versuch mit der traditionellen Leinöl-Terpentin-Kombination wollen Sie vielleicht einmal mit einer dieser Harzlösungen experimentieren. Sie können aber auch ein Gel-Malmittel nehmen. Das ist eine klare Paste, die in Tuben angeboten wird.

Das Setzen der Farbe auf die Palette Vor dem Malen drücken Sie kleine Mengen von jeder Farbe auf Ihre Palette; von Weiß etwas mehr. Reservieren Sie jeder Farbe einen festen Platz auf Ihrer Palette, indem Sie zum Beispiel alle kalten Farben (Schwarz, Blau, Grün) und alle warmen Farben (Gelb, Orange, Rot, Braun) getrennt voneinander am oberen Palettenrand anordnen. Geben Sie Weiß für sich in eine Ecke, damit es nicht zu unerwünschten Farbmischungen kommt.

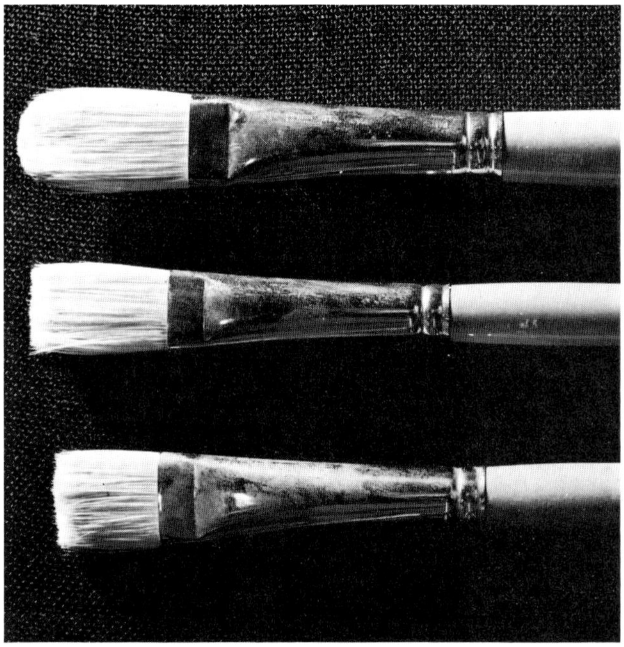

Borstenpinsel Der oval gebundene Pinsel (oben) hat lange und elastische Borsten, die einen weichen Pinselstrich hinterlassen. Der Flachpinsel (Mitte) mit seinen viereckig angeordneten Borsten hinterläßt einen kubisch-flächigen Aufstrich. Mit dem Pinsel unten werden ebenfalls kubisch-flächige Aufträge erzielt, aber die Borsten sind kurz und hart und geben dem Aufstrich eine deutlich sichtbare Struktur.

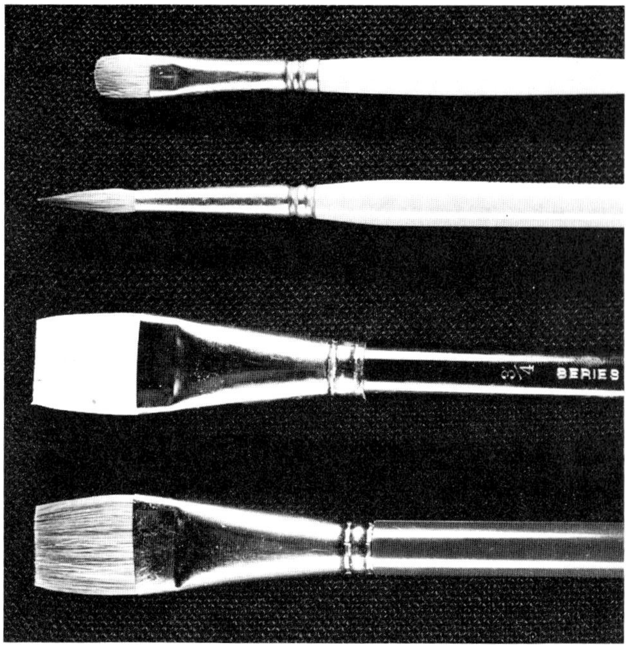

Nylon- und Haarpinsel Sie werden zwar vorwiegend mit Borstenpinseln arbeiten, aber Haarpinsel eignen sich gut für glatte, detaillierte Ausarbeitungen. Die ersten beiden sind aus Marderhaar: ein kleiner Flachpinsel, der einen kubisch-flächigen Aufstrich hinterläßt und ein rundspitzer Pinsel, der feine Linien hervorbringt. Der Pinsel unten ist aus Rindshaar, der Pinsel darüber aus weichem, weißem Nylon; beide hinterlassen einen glatten Aufstrich.

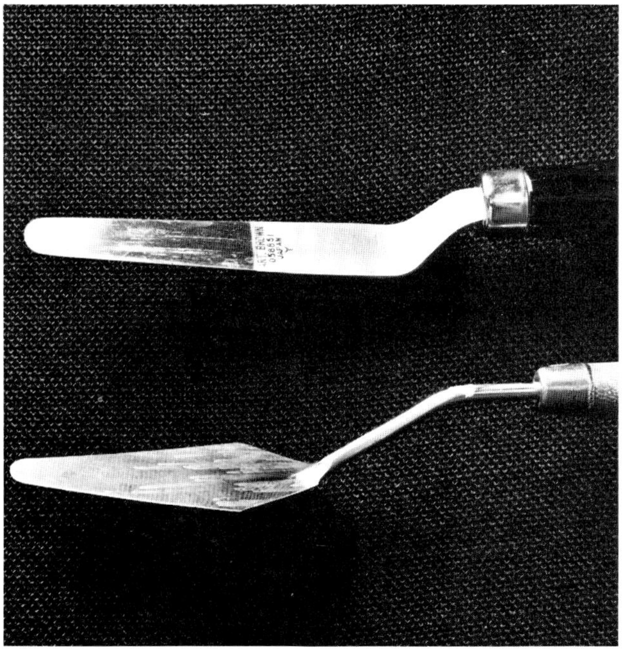

Malspachtel Ein Palettmesser (oben) dient zum Farbenmischen auf der Palette, zum Abschaben von Farbresten am Ende einer Sitzung und zum Abheben nasser Farbaufträge von der Leinwand, wenn Ihnen eine Partie nicht gelungen erscheint und Sie einen neuen Versuch machen wollen. Ein Malmesser (unten) ist in erster Linie zum Aufspachteln der Farbe gedacht.

Staffelei Bequem ist eine Werkstatt-Staffelei aus Holz. Ihr Malkarton mit Leinenprägung, auf Keilrahmen gespannte Leinwand oder eine grundierte Holzplatte wird von zwei Haltevorrichtungen oben und unten gehalten, die man auf das entsprechende Bildformat und auf Ihre Körpergröße einstellen kann. Kaufen Sie eine möglichst solide und standfeste Staffelei.

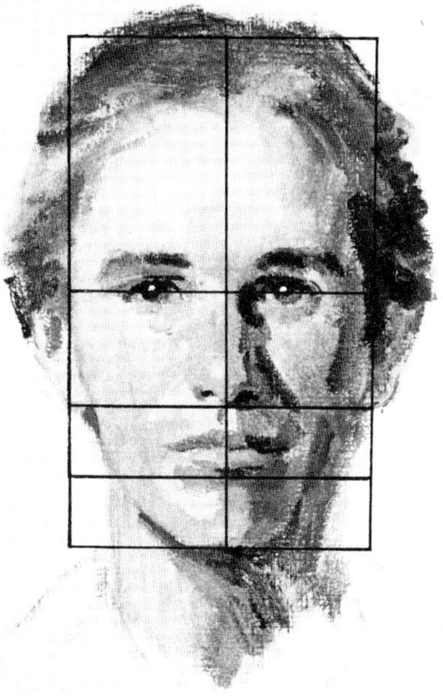

Vorderansicht Von vorn betrachtet, ist ein durchschnittlich proportioniertes Gesicht mehr lang als breit. Die Augen liegen etwa in der Mitte der Strecke von der Schädeldecke bis zum Kinn. Die Nasen-Unterkante befindet sich etwa in der Mitte der Strecke von den Augen bis zur Kinnspitze, die Unterlippe dagegen in der Mitte der Strecke von der Nasen- bis zur Kinnspitze. Der breiteste Punkt, etwa in Kopfmitte gelegen, ist „fünf Augen breit".

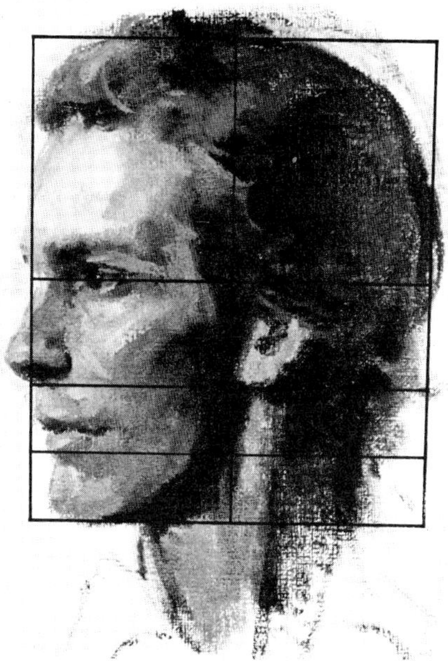

Seitenansicht Die Oberkante des Ohres liegt auf der Höhe des Augenwinkels, die Nasen-Unterseite auf der Höhe der Unterkante des Ohrläppchens, die Unterlippe auf der Höhe des eckigen Kieferwinkels. Die Länge und Breite des Kopfes stimmen in dieser Ansicht fast überein. Ohne den Hals könnte man den gesamten Kopf in ein Viereck einordnen.

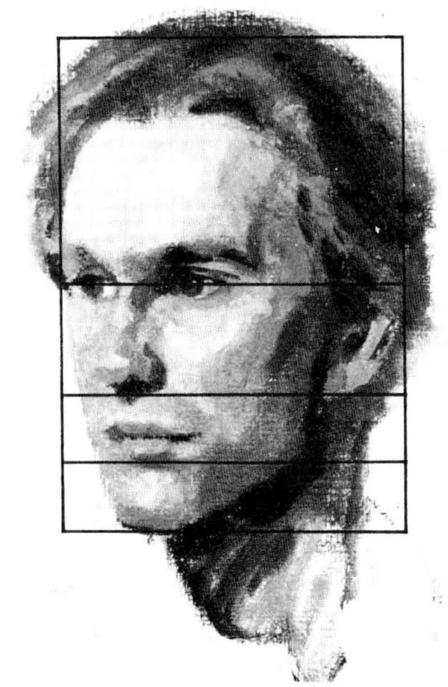

Dreiviertelansicht Selbst bei Wendung des Kopfes bleiben die Proportionen im wesentlichen gleich. Die Augen befinden sich in der Mitte des Kopfes und liegen auf der Höhe der Oberkante des Ohres. Das Nasenende befindet sich in der Mitte der Strecke von den Augen bis zum Kinn, auf der Höhe des Ohrläppchens.

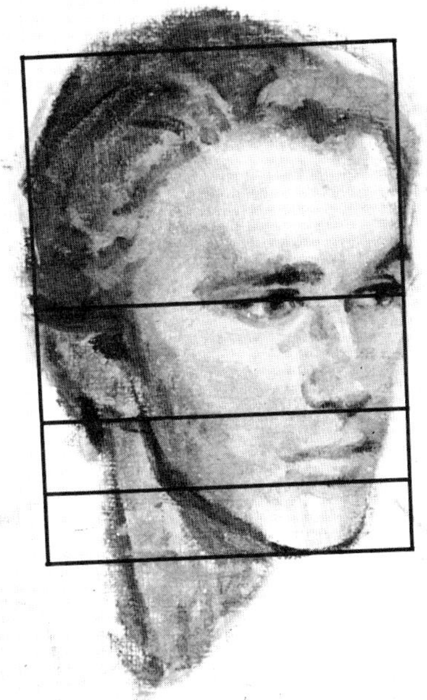

Dreiviertelansicht Jetzt betrachten Sie den Kopf etwas von oben. Sie können mehr vom Schädel sehen. Wenn Sie eine Linie durch die Augenwinkel ziehen, verläuft diese etwas schräg von rechts nach links unten, wie alle Linien parallel zum Auge. Bei dieser Ansicht wirkt die Nase etwas länger und die Augen schmaler.

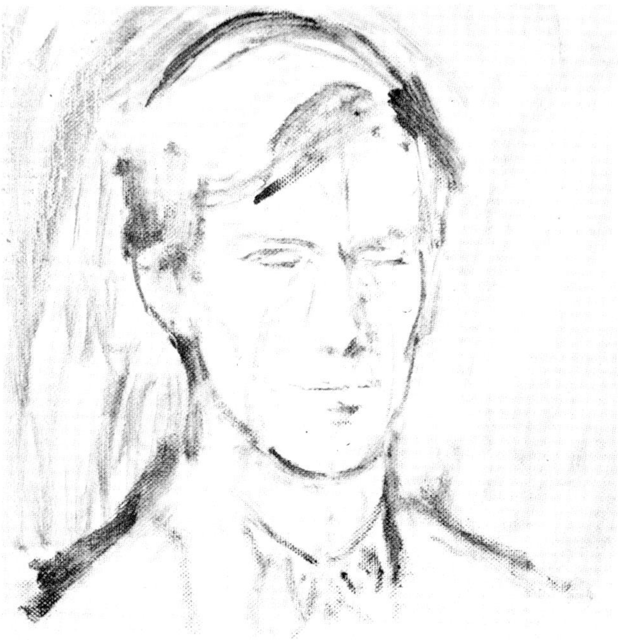

Schritt 1 Mit einem Haar-Rundpinsel umreißen Sie die Formen und Proportionen des Kopfes. Tubenfarbe wird mit Terpentin zu einer aquarellfarbenartigen Konsistenz verdünnt. Der Gesichtsumriß ist oval. Ein paar Linien markieren die Gesichtszüge. Beachten Sie die senkrechte Mittellinie, die das Gesicht symmetrisch teilt und zur genaueren Anordnung der Gesichtszüge beiträgt.

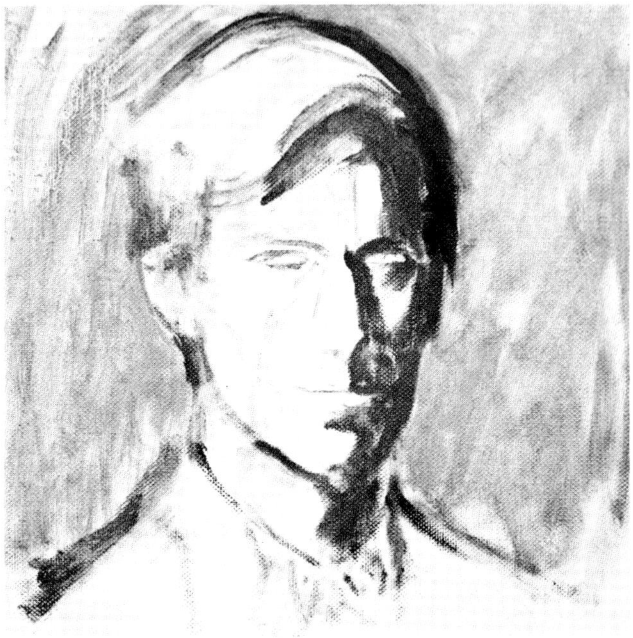

Schritt 2 Dann umreißen Sie mit einem Borstenpinsel in breiter Strichführung die Formen der Schatten. Das Licht fällt von links auf das Gesicht; daher befinden sich auf der rechten Seite Partien des Haares, der Stirn, der Augenhöhle, der Nase, der Wange, der Lippen, des Kiefers, des Kinns und des Halses im Schatten. Jetzt besteht eine klare Grenze zwischen Licht und Schatten. Das Gesicht wirkt dreidimensional.

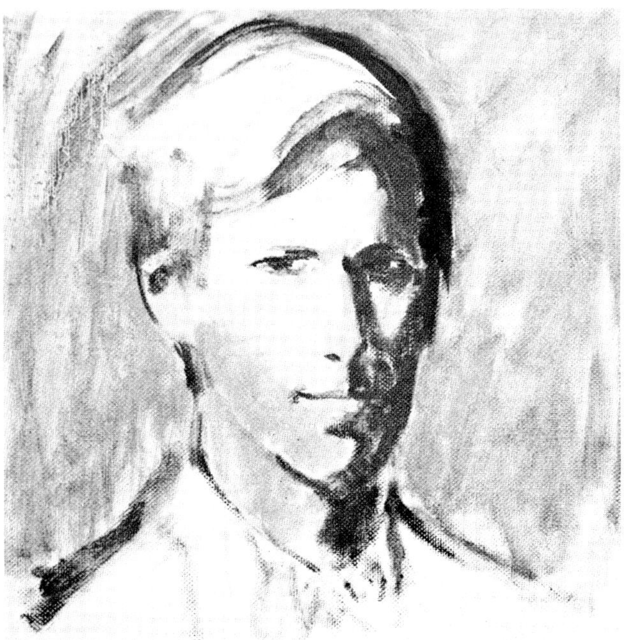

Schritt 3 Mit einem Borstenpinsel übergehen Sie die erhellte Partie des Gesichtes - die Stirn, die Schläfe, das Ohr, die Wange, die Nase, die Unter- und Oberlippe und den erhellten Fleck auf der im Schatten befindlichen Wange. Jetzt beginnen Sie, Halbtöne (heller als die Schatten, aber dunkler als die Lichter) auf Wange, Kiefer, Kinn und Hals hinzuzufügen.

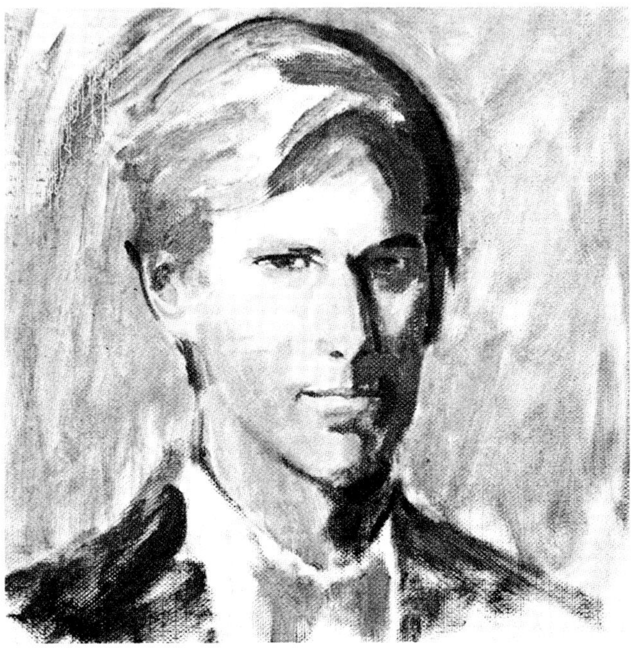

Schritt 4 Weitere Mitteltöne fügen Sie zur Modellierung der Formen des Haares, des Ohres, der Augen, der Nase, des Mundes und des Kinns hinzu. Mit einem Borstenpinsel werden die Dunkelheiten, Lichter und Mitteltöne ineinander übergehend gemalt. Dunkle Striche verschärfen die Gesichtszüge und lassen die Schultern hervortreten.

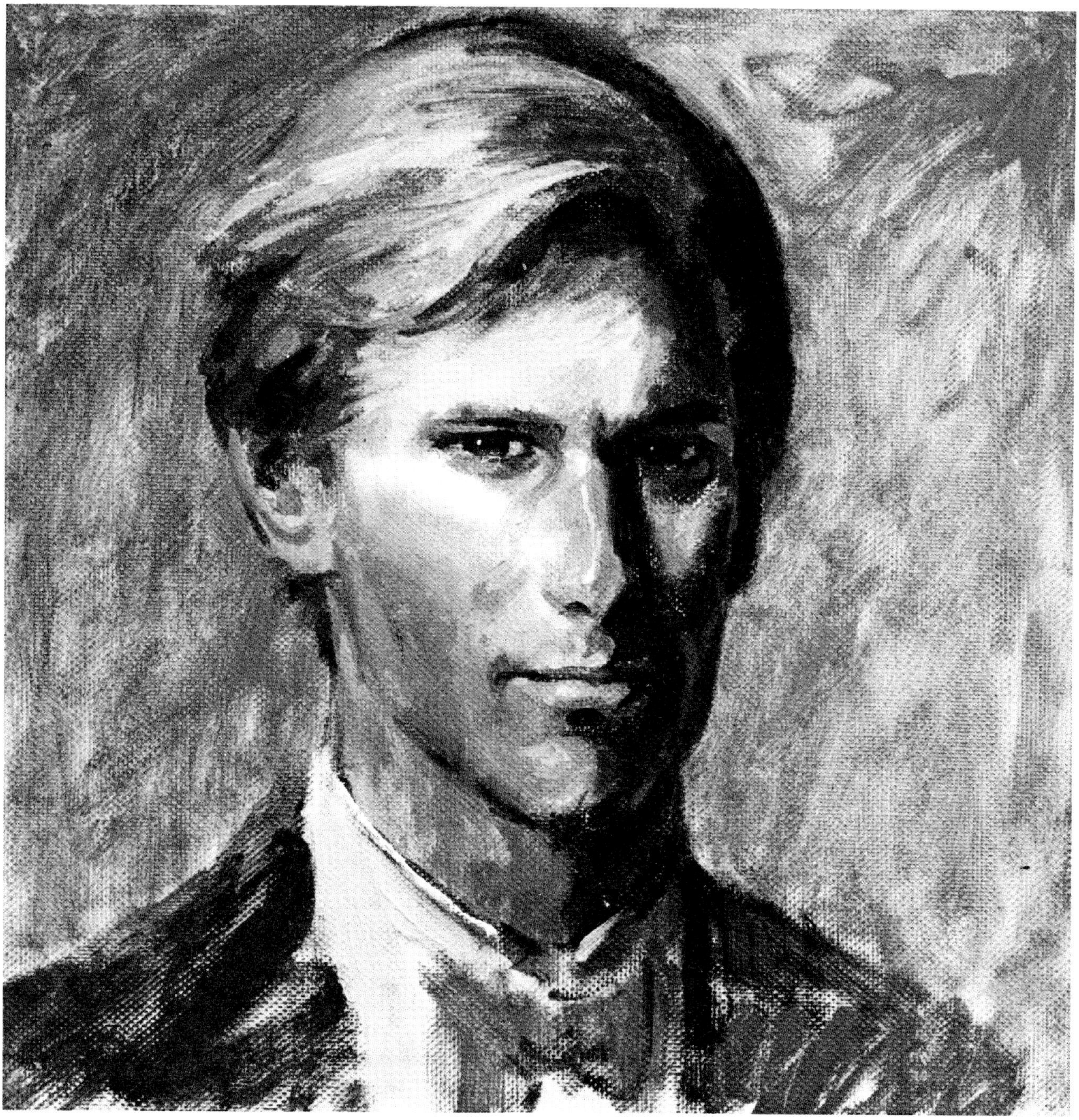

Schritt 5 In diesem letzten Arbeitsgang verstärken Sie mit einem Borstenpinsel die Lichter und Dunkelheiten, lassen die Töne ineinander übergehen und fügen Details hinzu. Mit Borstenpinseln und dunklerer Farbe betonen Sie die Schatten und die Mitteltöne und nehmen dann eine helle Farbe auf, um die Lichter auf Stirn, Schläfe, Wangen, Lippen und Kinn aufzuhellen. Diese Töne werden zart mit hin- und herbewegtem Pinsel ineinander übergehend gemalt und so weiche Übergänge zwischen Lichtern, Mitteltönen und Schatten erzielt. Mit der Spitze eines Haar-Rundpinsels fügen Sie die dunkleren Linien der Augenbrauen, der Augen, der Nasenlöcher, der Lippen und des Ohres hinzu und setzen Glanzlichter auf die Augen und an Nase und Lippen entlang. Mit einem Borstenpinsel wird die Struktur des Haares mit zarten, spontanen Strichen, die der Richtung des Haares folgen, angedeutet. Der Hintergrund wird dunkler eingetönt, und fertig ist das Porträt. Merken Sie sich die Folge der Bildaufbauphasen: Zunächst umreißen Sie mit dem Pinsel die Formen und Proportionen. Die Dunkelheiten legen das Gesicht in Licht- und Schattenpartien an. Dunkelheiten, Lichter und Mitteltöne werden stärker betont und ineinander übergehend gemalt. Schließlich werden die Dunkelheiten, Lichter und Mitteltöne noch einmal umrissen und die Gesichtszüge mit einer letzten zarten Helldunkel-Modellierung herausgearbeitet. Der Hintergrund wird bereits in den ersten Bildaufbauphasen angelegt und im letzten Arbeitsgang harmonisch auf den Kopf abgestimmt. Ein Berufsmaler denkt immer daran, daß der Hintergrund ein Teil des Bildes ist - und nicht ein nachträglicher Einfall - und arbeitet ihn ebenso heraus wie den Kopf.

Schritt 1 Mit einem Haar-Rundpinsel skizzieren Sie die Linien der Augenbraue, des Lides und des Auges selbst. Prägen Sie sich die zarten Konturen der Lider ein. Das Oberlid, das am äußeren Winkel beginnt, folgt einer langen, flachen Kurve, die sich am inneren Winkel nach unten neigt. Das Unterlid verhält sich konträr; es beginnt vom inneren Winkel aus als eine lange, flache Kurve, die dann zum äußeren Winkel ansteigt.

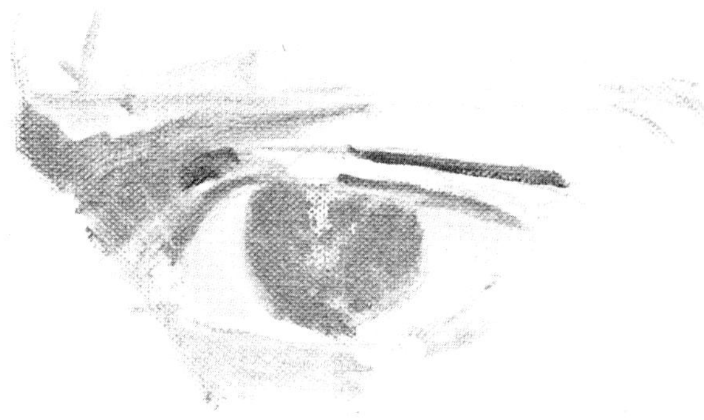

Schritt 2 Mit einem Borstenpinsel schraffieren Sie die dunklen Partien: die Schatten des inneren Winkels der Augenhöhle, die Töne der Iris, die schattigen Linien des Oberlids. Dann wird ein hellerer Ton zur Andeutung der zarten Schatten im Weißen des Auges und der Schatten unter dem Unterlid aufgetragen.

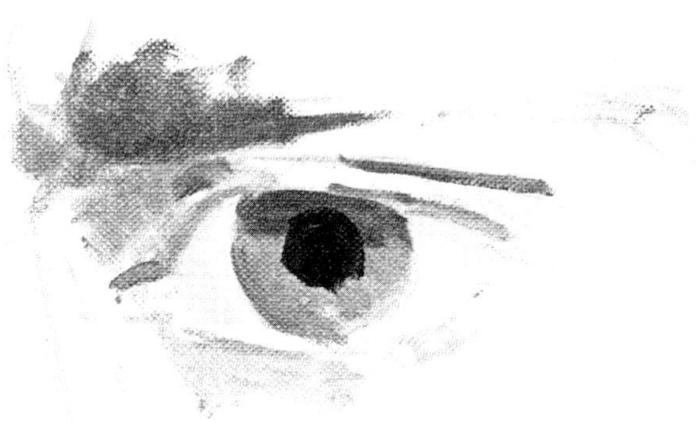

Schritt 3 Das Oberlid wirft einen Schatten auf den oberen Teil der Iris; diesen Ton fügen Sie mit einem Haar-Flachpinsel hinzu. Mit dem gleichen Pinsel wird die dunkle Pupille eingesetzt. Mit der Spitze eines Haar-Rundpinsels fügen Sie die schattige Linie im Augenwinkel hinzu und malen dann einen zarten Lichtstreifen entlang der Kante des Unterlids.

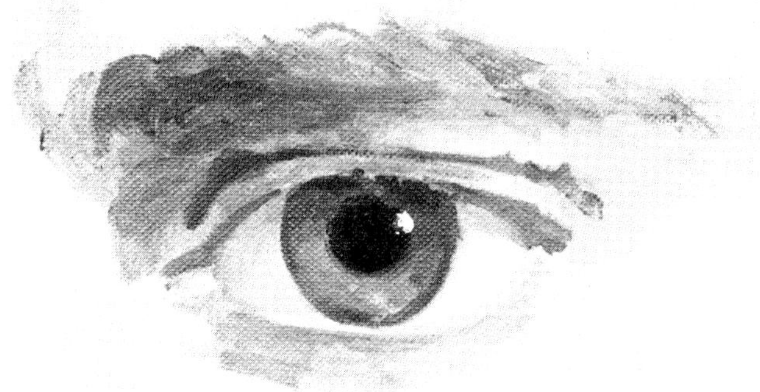

Schritt 4 Mit der Spitze eines Haar-Rundpinsels werden die Schatten des Oberlids und der auf den Augapfel fallende Schatten verstärkt und herausgearbeitet. Ziehen Sie damit auch die runde Form der Iris und der Pupille nach und fügen Sie ein weißes Glanzlicht hinzu. Die Schatten in der Augenhöhle werden verstärkt. Mit dem Rundpinsel wird die Augenbraue nachgearbeitet.

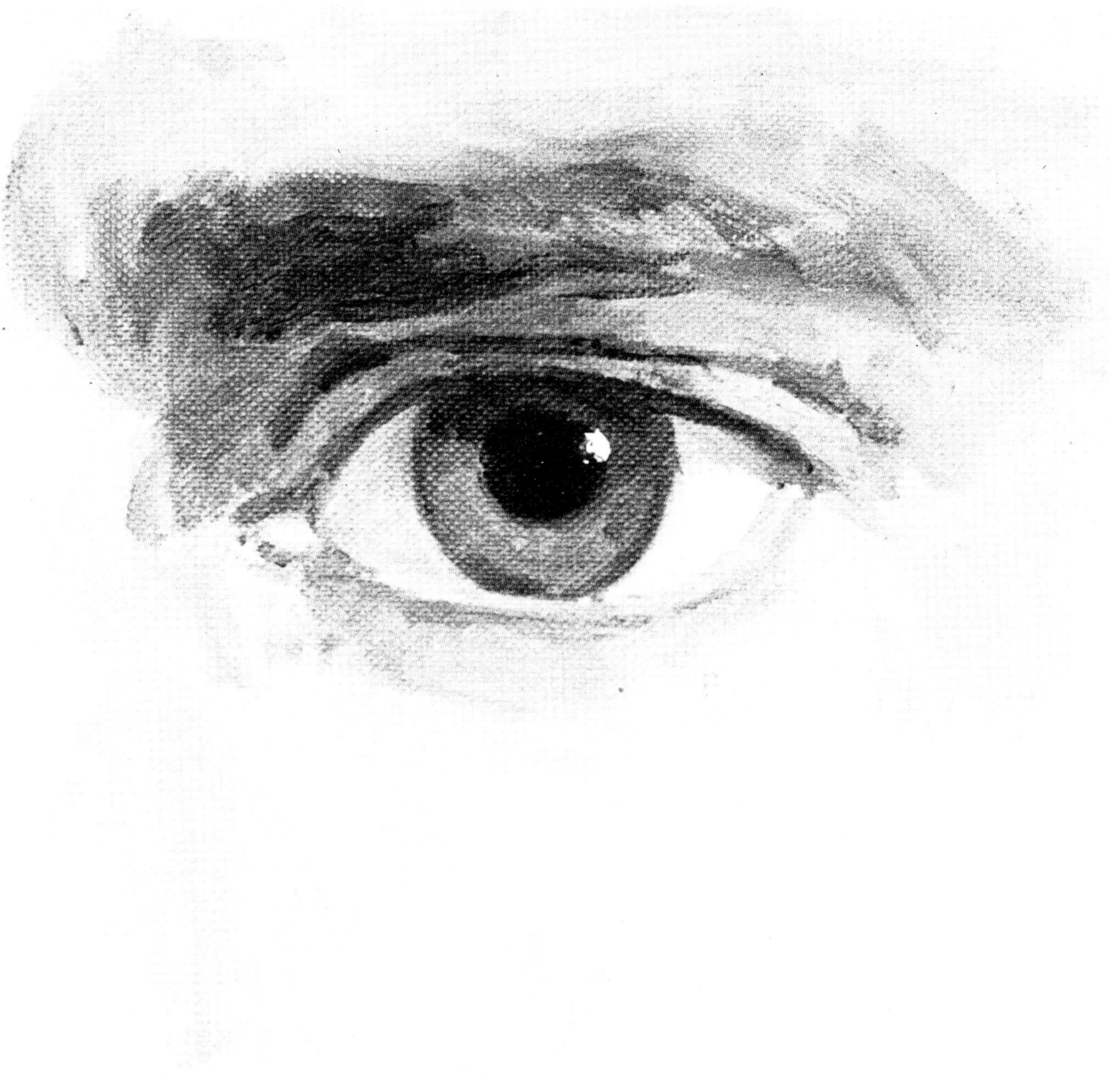

Schritt 5 Betrachten Sie eingehend die Vergrößerung des fertigen Auges. Mit einem Borstenpinsel ist der Schatten unter der Braue verstärkt worden, um die Augenhöhle tiefer erscheinen zu lassen. Mit einem Haar-Rundpinsel sind die schattigen Linien des Oberlids betont worden. Betrachten Sie die Helldunkel-Modellierung des Auges selbst. Da das Auge eine runde Form ist, sollte ihre Plastik durch Licht und Schatten hervorgehoben werden. Daher ist der Augapfel auf der rechten Seite stark erhellt, geht aber links allmählich in Schatten über. Die dreidimensionale Form des Auges wird durch einen schattigen Streifen, den das Oberlid wirft und der sich über den ganzen Augapfel legt, betont. Die Folge der Arbeitsgänge ist Ihnen bereits von den Bildaufbauphasen des Kopfes her bekannt: mit dem Pinsel gezogene Linien für Form und Proportionen; großzügig aufgetragene Dunkelheiten, Mitteltöne und Lichter; letzte Dunkelheiten, Lichter und Details.

Schritt 1 Ziehen Sie mit dem Pinsel waagerechte Linien für den oberen Rand der Oberlippe, den Mundspalt und den unteren Rand der Unterlippe. Der Mund muß in Relation zur Nase und dem Kinn betrachtet werden; diese Züge deuten Sie ebenfalls rasch mit dem Pinsel an. Eine senkrechte Mittelachse teilt das Gesicht in zwei gleiche Hälften und erleichtert Ihnen die symmetrische Anordnung der Gesichtszüge.

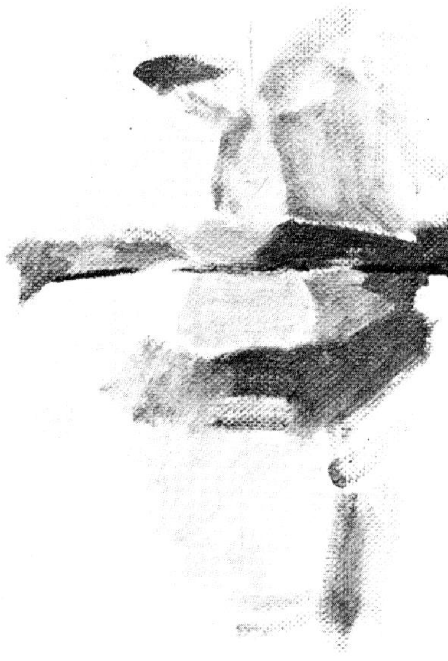

Schritt 2 Die dunkelsten Partien werden zuerst angelegt – die Unterseite der Oberlippe, die Schatten unter der Unterlippe und ein Nasenloch. Mitteltöne erfassen die Partien über und unter den Lippen einschließlich der Furche, die die Nase und die Oberlippe verbindet. Die hellsten Töne werden in dieser Furche, in der Mitte der Ober- und Unterlippe und in der Mitte des Kinns aufgetragen.

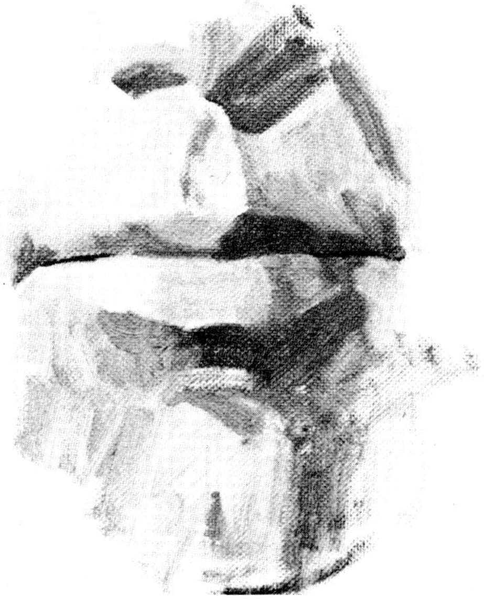

Schritt 3 Mit dunklen Strichen werden die Schlagschatten des Nasenwinkels und die Schatten am Kinn angedeutet. Um die Lippen und das Kinn herum fügen Sie Mitteltöne hinzu. Beginnen Sie, mit dem eine weitere Schattenpartie. Je mehr sich das Kinn nach außen wölbt, desto mehr ist es im Licht und kehrt in den Schatten zurück, je mehr es sich an der Spitze nach innen wölbt.

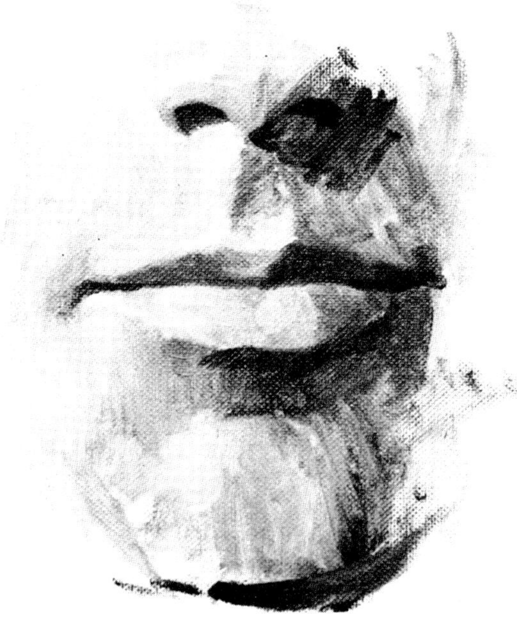

Schritt 4 Die Dunkelheiten werden in genauer Strichführung betont, die die Konturen der Lippen, der Nase und des Kinns schärfer umreißt. Die Lichtpartien werden aufgehellt, um den Helldunkel-Kontrast zu verstärken und das Gesicht dreidimensionaler erscheinen zu lassen. Mit einem Haar-Rundpinsel arbeiten Sie den Mundspalt heraus, verstärken die Schatten.

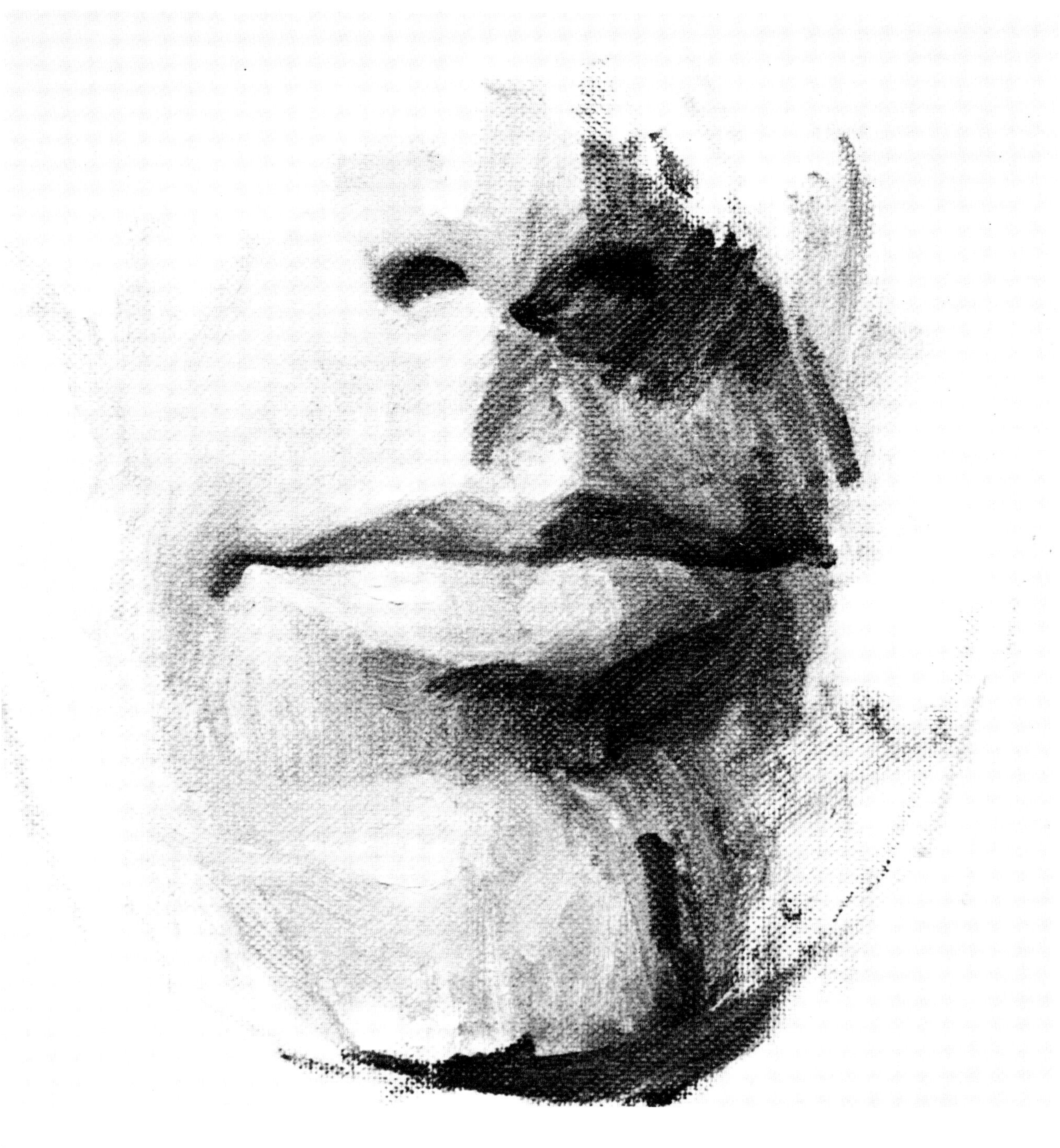

Schritt 5 In der Vergrößerung der fertigen Mundstudie sehen Sie, wie weichere, verschwommene Tonübergänge entstanden sind, die das Gesicht runder und natürlicher erscheinen lassen. Den dunklen Aufstrichrändern ist mit dem Pinsel die Härte genommen worden, damit die Nasenlöcher und die Lippen weicher und runder aussehen. Die Schraffuren um den Mund herum sind überwiegend verschwommen gestaltet worden, damit die Aufstriche weicher ineinander übergehen. Das Nachtragen von weichen, verschwommenen Lichtern lassen die Lippen und das Kinn stärker hervortreten. Beachten Sie, wie der Mundwinkel links verstärkt und weicher dargestellt wurde. Beim Malen des Mundes werden Sie feststellen, daß die Oberlippe normalerweise im Schatten ist und die Unterlippe im Licht. Unter der Unterlippe befindet sich Borstenpinsel diese Töne ineinander übergehend in flüchtig-leichter Strichführung zu malen, die verschwommene Übergänge schafft.

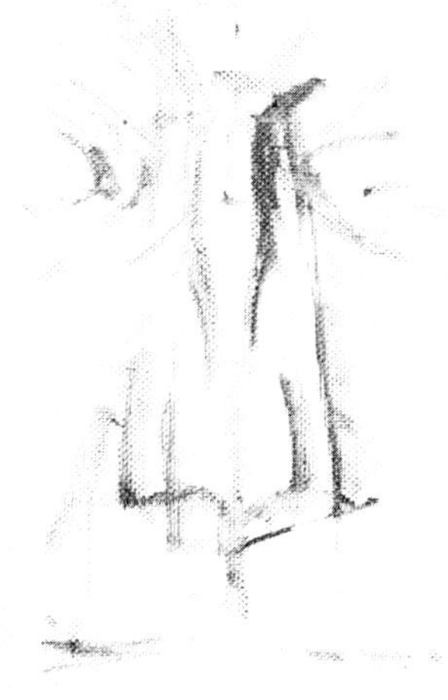

Schritt 1 Die Pinselzeichnung erfaßt nicht nur die Umrisse des Nasenrückens und der Nasenlöcher, sondern deutet auch die benachbarten Gesichtszüge, wie die Augenhöhlen und die Mittellinie der Oberlippe an. Diese Linien unterscheiden auch klar zwischen der Form der Nasenspitze und der Nasenflügel.

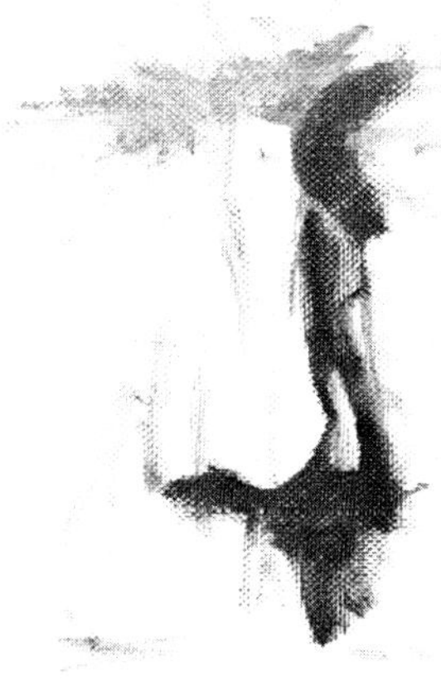

Schritt 2 Mit einem Borstenpinsel fügen Sie die dunklen Partien hinzu. Das von links und etwas von oben fallende Licht erzeugt dunkle Schatten im Winkel der Augenhöhle, neben dem Nasenrücken und der Nasenspitze, den Nasenflügel entlang, unter der Nase und über der Oberlippe. Mit dem Pinsel wird ebenfalls die Stirn oberhalb des Nasenrückens in einem Halbton angelegt.

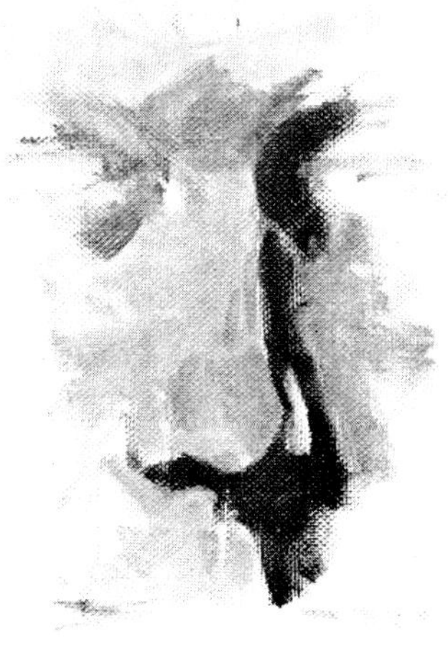

Schritt 3 Dann folgen die Halbtöne und die Lichter. Der runde Winkel der Augenhöhle auf der belichteten Seite des Gesichtes wird mit einem Mittelton modelliert. Die Nase und die Wangen legen Sie mit Tönen an, die deutlich heller sind als die umgebenden Schatten.

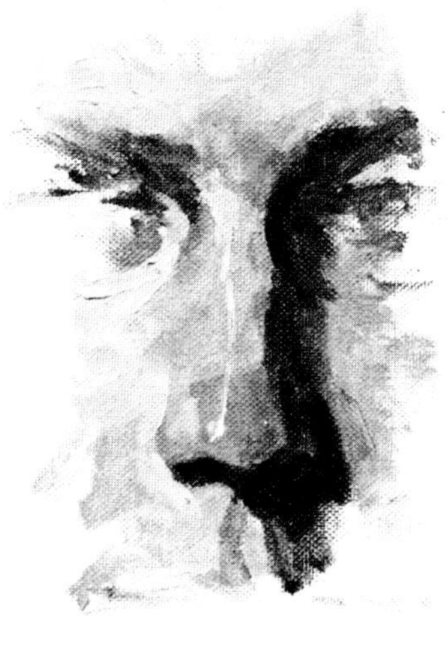

Schritt 4 Dann fügen Sie Dunkelheiten und Halbtöne hinzu, um die Formen der Augenhöhle, die Schattenseite der Nase, die Nasenspitze und die Nasenlöcher zu umreißen. Die Töne werden ineinander übergehend gemalt, um weiche Tonübergänge zu erzielen. Mit einem Haarpinsel und heller Farbe lichten Sie den Nasenrücken und die Wangen auf.

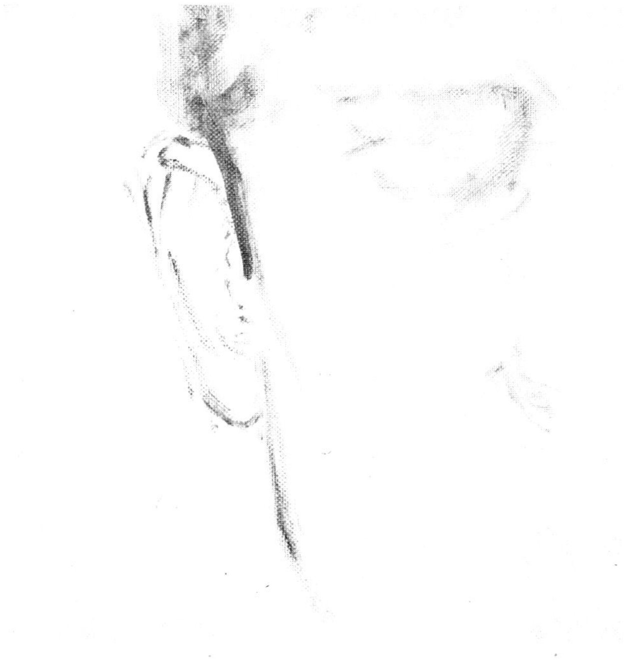

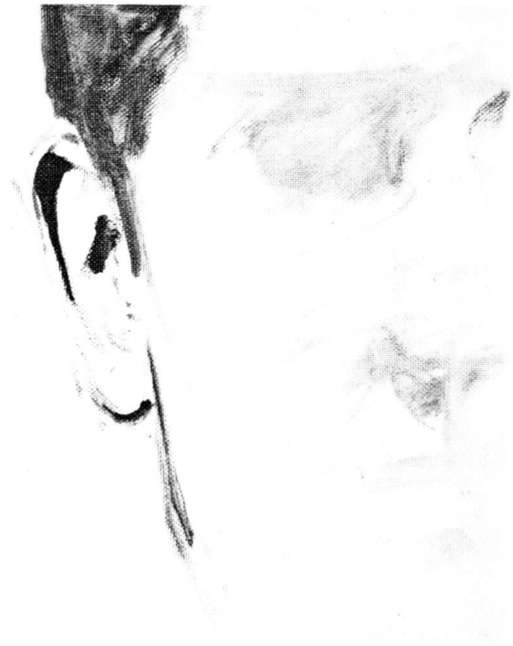

Schritt 1 Die mit dem Pinsel ausgeführte Vorzeichnung umreißt die Hauptform des Ohres und ermittelt dann seine Lage in Relation zu Auge, Nase, Wange und Kiefer. Die Rundung der Wange grenzt unmittelbar an das Ohr. Die Oberkante des Ohres befindet sich auf der Höhe des Augenwinkels, das Ohrläppchen dagegen auf der Höhe der Nase. Der eckige Winkel des Kiefers befindet sich unterhalb des Ohres auf gleicher Höhe mit dem Mund.

Schritt 2 Dunkle Aufstriche umreißen die zwei tiefen Schatten innerhalb des Ohres, die Schatten unter dem Ohrläppchen, die Form des Haares und die dunkle Kante des Kiefers, die sich über das Ohrläppchen hinaus fortsetzt. Durch diese wenigen Aufträge sieht das Ohr bereits dreidimensional aus.

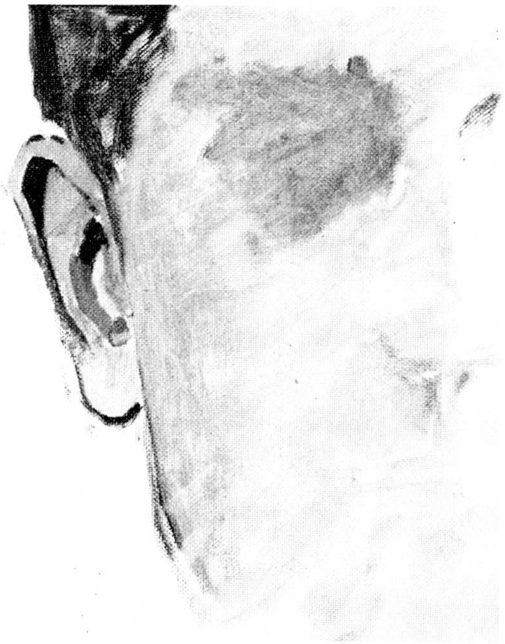

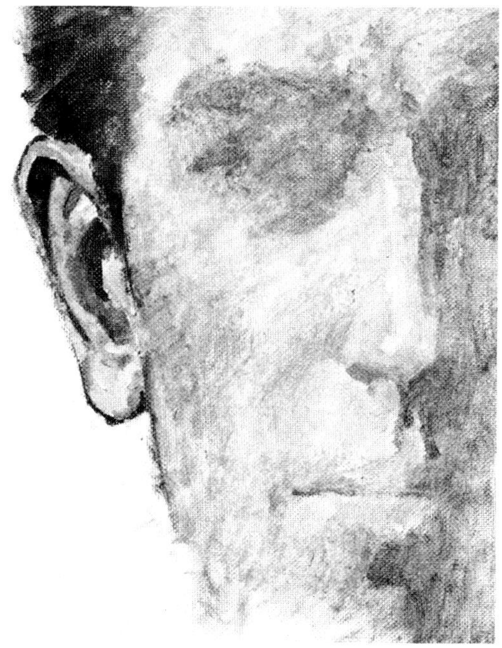

Schritt 3 Die zwei dunklen Partien im Ohr werden mit Halbtönen nach unten hin verlängert. Die anderen Teile des Ohres werden mit einem hellen Ton übergangen, der die belichtete Partie darstellt. Jetzt sind die Partien des Ohres in drei verschiedenen Tönen klar umrissen: Dunkelheiten, Halbtöne und Lichter. Bisher sind nur die Hauptformen des Ohres dargestellt worden.

Schritt 4 Jetzt fügen Sie weitere Lichter und Mitteltöne hinzu, um die kleineren Formen wie den Wulst, die Mulde direkt unter dem Wulst und das Ohrläppchen herauszuarbeiten. Mit einem Haarpinsel werden die Dunkelheiten weich in die Mitteltöne und Lichter übergehend gemalt. Fügen Sie mit dem Rundpinsel Spuren mit dunkler Farbe hinzu.

Das Kaufen von Pinseln Beim Pinselkauf sind drei Regeln zu beachten. Kaufen Sie nur erstklassige Pinsel - auch wenn Sie sich nur ein paar zulegen können. Kaufen Sie breite Pinsel, keine schmalen; breite Pinsel ermutigen Sie zu großzügiger Strichführung. Kaufen Sie die Pinsel paarweise in etwa der gleichen Pinselbreite. Wenn Sie beispielsweise die Licht- und Schattenpartien eines Gesichtes anlegen, nehmen Sie einen breiten Pinsel für die Schatten und einen anderen, an dem keine dunklen Farbspuren haften, für die Lichter.

Empfehlenswerte Pinsel Kaufen Sie für den Anfang zwei breite Borstenpinsel mit einer Pinselbreite von etwa 25 mm für die Anlage großer Farbpartien. Machen Sie einen Versuch mit zwei verschiedenen Formen: z. B. mit einem flach und einem oval gebundenen Pinsel, von dem der eine etwas schmaler ist als der andere. Sie brauchen außerdem zwei oder drei Borstenpinsel von etwa 12 mm Breite; versuchen Sie es auch hier einmal mit einem flach oder oval gebundenen Pinsel und vielleicht mit einem hartborstigen Pinsel. Für das Malen von glatten Partien, Details und Linien sind drei Haarpinsel von Nutzen: je ein Pinsel mit einer Breite von etwa 12 und 6 mm und ein Rundpinsel mit einem Durchmesser von 3-5 mm.

Malspachtel Zum Mischen von Farbe auf der Palette und zum Abheben nasser, mißlungener Farbaufträge von der Leinwand brauchen Sie ein Palettmesser. Viele Ölmaler ziehen es vor, Farben mit dem Messer zu mischen. Wenn Sie die Farbe aufspachteln wollen, kaufen Sie sich ein Malmesser mit einer kurzen, biegsamen, rautenförmigen Klinge.

Malgründe Kaufen Sie sich zunächst preiswerte Malkartons mit Leinenprägung in einem Malbedarfsgeschäft. Das ist Karton, der beidseitig mit weiß grundiertem Papier versehen ist und auf der einen Seite eine Leinenprägung zeigt. Malkartons werden in Standardgrößen angeboten, die in Ihren Malkasten passen. Bequem und preiswert ist auch leinenartig strukturiertes Papier, das wie Zeichenpapier in Blocks angeboten wird. Später können Sie sich Leinwand kaufen, die mit weißer Farbe grundiert und auf einen rechteckigen Keilrahmen gespannt ist. Es ist billiger, wenn Sie Rahmenteile und Leinwand kaufen und das Aufspannen selbst vornehmen. Wenn Sie eine glatte Fläche bevorzugen, besorgen Sie sich eine Hartfaserplatte und grundieren diese mit Grundierweiß, auch Gesso genannt, einer dicken, weißen Paste, die Sie mit Wasser verdünnen können.

Staffelei Eine Staffelei ist von Nutzen, aber nicht unbedingt erforderlich. Sie besteht aus zwei Haltevorrichtungen oben und unten für das Bild. Die Haltevorrichtungen lassen sich auf das jeweilige Format und auf Ihre Körpergröße einstellen. Wenn Sie sich keine Staffelei anschaffen wollen, tut es als Behelf eine etwa 25 mm dicke Holzfaserplatte, in die Sie ein paar Reißnägel so in die Platte schlagen, daß die Malerei überlappt und fest fixiert wird. Stützen Sie die Platte senkrecht auf eine Tischplatte oder auf einen Stuhl. Oder heften Sie leinenartig strukturiertes Papier mit Reißnägeln auf die Holzfaserplatte.

Malkasten Zum Unterbringen und für den Transport Ihrer Malutensilien ist ein Malkasten aus Holz bequem. Der Kasten hat Unterteilungen für Pinsel, Malspachtel, Tuben, kleine Leinöl- und Terpentinflaschen und anderes Zubehör. Normalerweise gehören eine Palette und Kartons mit Leinenprägung dazu.

Palette Malkästen aus Holz sind meist mit Holzpaletten ausgestattet. Reiben Sie die Holzpalette vor Gebrauch mehrmals mit Leinöl ab, damit die Oberfläche glatt und glänzend wird und die Farbe abstößt. Nach Trocknen des Öls saugt die Palette Ihre Tubenfarbe nicht auf und läßt sich nach Beendigung der Arbeit leicht reinigen. Noch bequemer ist eine Papierpalette in Form eines Skizzenblocks mit ölfestem Papier. Drücken Sie Ihre Tubenfarbe auf das oberste Blatt, das Sie nach der Malerei abreißen und vernichten.

Was man sonst noch braucht Zur Bereithaltung von Terpentin, Leinöl oder Malmittel während des Malens, kaufen Sie einen doppelten Palettstecker. Machen Sie es sich zur Gewohnheit, stark aufsaugende Lappen, die nicht flusen, zur Hand zu haben, um Mißlungenes von Ihrer Malerei abzuheben. Papiertücher oder alte Zeitungen brauchen Sie, um in Terpentin ausgewaschene Pinsel auszudrücken.

Mobiliar Sie benötigen einen bequemen Stuhl oder ein Sofa für Ihr Modell. Wenn Sie an der Staffelei arbeiten, stehen Sie wahrscheinlich, während Ihr Modell sitzt oder liegt - das heißt, daß das Modell unter Ihrem Augenhorizont liegt. Daher verfügen professionelle Porträt- und Figurenmaler im allgemeinen über einen Modellstand, ein Podest oder einen Kasten aus Holz in Höhe Ihres Knies mit genügend Stellfläche für einen großen Stuhl oder sogar eine kleine Couch. Wenn Sie handwerklich geschickt sind, können Sie ihn selbst bauen. (Selbstverständlich können Sie immer im Sitzen arbeiten.) Eine andere nützliche Ausstattung ist eine spanische Wand, an der Sie farbige Stoffbahnen befestigen - das brauchen nur alte Decken zu sein -, um verschiedene Hintergrundtöne zu schaffen.

Beleuchtung Wenn Ihr Studio oder Ihr Arbeitszimmer große Fenster oder ein Oberlicht hat, reicht das als Beleuchtung völlig aus. Ganz gewöhnliche Stehlampen, Tischlampen oder Architektenlampen mit beweglichen Gelenken spenden weicheres, natürlicheres Licht.

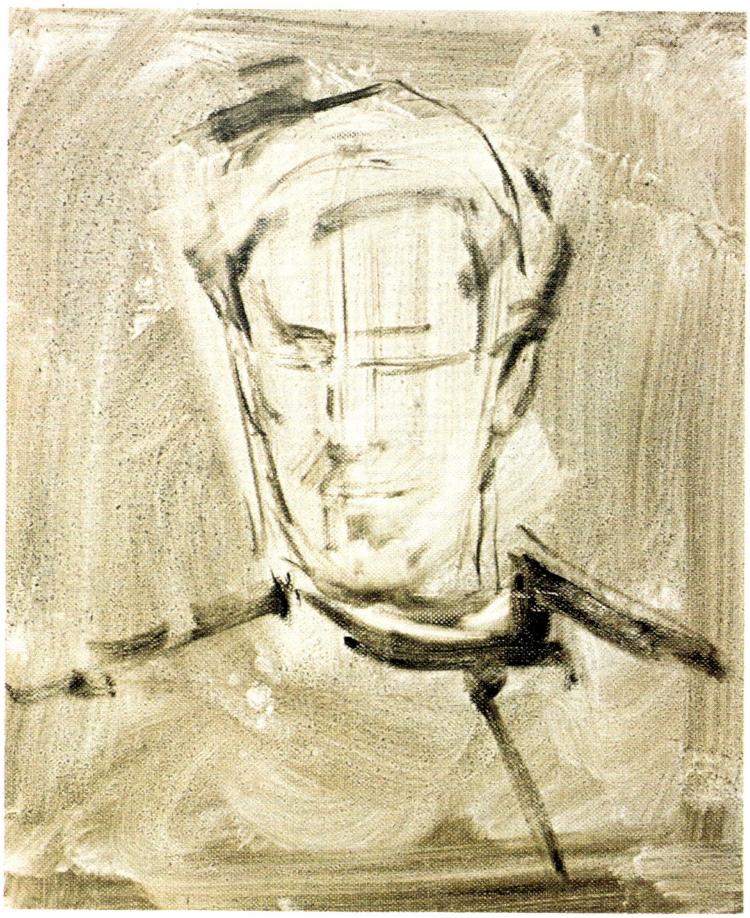

Schritt 1 Vor dem Malen eines Porträts färben Sie am besten die weiße Leinwand durchgehend ein. Auf dieser Färbung heben sich die hellen Gesichtspartien deutlicher ab, und Sie haben es dann leichter, die Dunkelwerte zu bestimmen. Dieses Porträt beginnt mit einer Mischung aus Umbra natur und Ultramarinblau – stark mit Terpentin verdünnt –, die mit einem Lappen auf die Leinwand aufgebracht wird. Der Aufstrich braucht nicht glatt auszufallen; ein rauher und unregelmäßig aufgetragener Ton wirkt interessanter. Die Gesichtspartie wird mit einem sauberen Tuch aufgehellt, das die Färbung überwiegend entfernt. Mit einem kleinen Borstenpinsel nehmen Sie etwas von der gleichen Mischung aus Umbra natur und Ultramarinblau auf – allerdings weniger stark mit Terpentin verdünnt – und skizzieren die Umrisse des Kopfes und der Haare. Eine senkrechte Linie wird durch die Mitte des Gesichtes gezogen, die Ihnen das Anordnen der Gesichtszüge links und rechts erleichtert. Mit dem Pinsel markieren Sie die Lage der Augen, der Nase und des Mundes mit ein paar waagerechten Linien, gehen dabei aber noch nicht auf die genauen Formen ein. Die Skizze wird mit breiten Strichen für die Schultern und den Kragen vervollständigt.

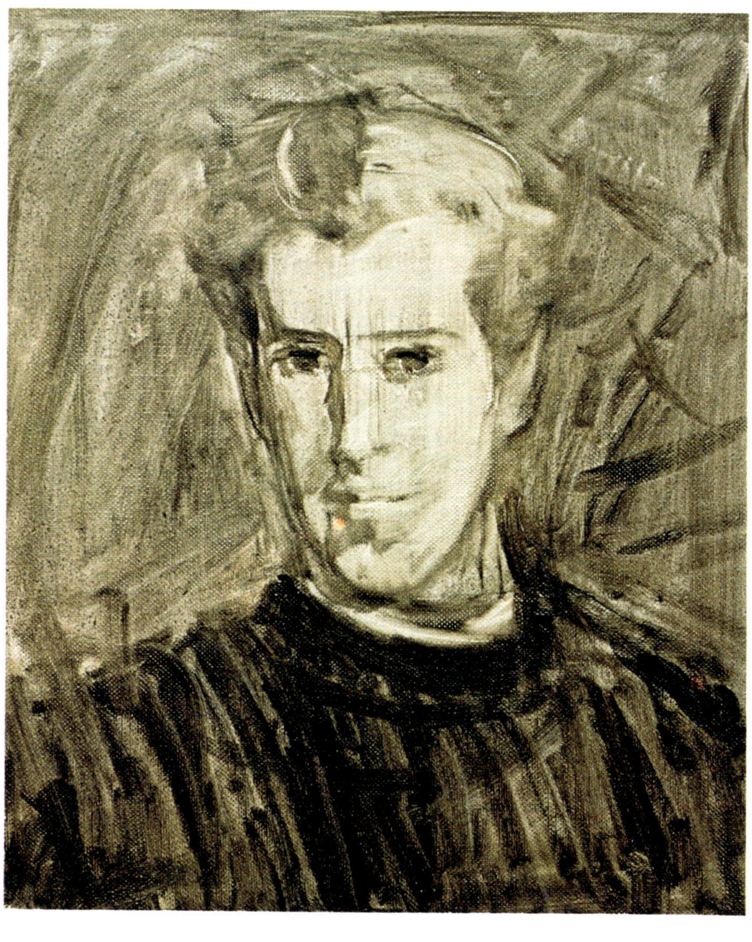

Schritt 2 Mengen Sie der Mischung von Schritt 1 mehr Ultramarinblau bei, die Sie weiterhin nur mit Terpentin verdünnen. Mit einem kleinen Borstenpinsel malen Sie die Schatten an der Seite der Stirn, der Wange, des Kiefers, des Kinns, der Nase und der Lippen. Eine Augenhöhle ist im Schatten. Malen Sie mit einem Haar-Rundpinsel die Schatten unter den Augenlidern und die dunkle Form der Iris. Mit einem breiten Borstenpinsel skizzieren Sie die Schattenpartien des Haares, tönen den Hintergrund mit großzügigen Schraffurstrichen dunkler und vertiefen die Farbe des Pullovers. Mit einem um den Finger gewickelten Lappen heben Sie die Lichtpartien des Gesichtes und des Haares heraus, so daß nur eine Spur der in Schritt 1 aufgebrachten Untermalung stehenbleibt. Dieses einfarbige „Skizzieren" gibt bereits die Formen des Gesichtes, der Gesichtszüge und die Helldunkel-Modellierung wieder, bevor Sie überhaupt an Farbe denken.

Schritt 3 Mit einem breiten Borstenpinsel werden die ersten Aufstriche für den Hintergrund flüchtig-leicht aufgetragen: Kobaltblau, im Ton mit Umbra natur abgeschwächt und mit einer Spur Weiß aufgelichtet. Streichen Sie mit einem kleinen Borstenpinsel über die Schatten mit einem satten, warmen Ton aus Siena natur und Venezianischrot, den Sie mit Malmittel zu einer flüssigen Konsistenz verdünnt haben. Nehmen Sie mit dem Pinsel eine dicke Mischung aus Umbra natur, Siena natur, einer Spur Kadmiumgelb und Weiß auf - schwach mit Malmittel verdünnt - und malen Sie die Schattenpartien des Haares in kurzer, breiter Strichführung. Dieser Mischung fügen Sie mehr Kadmiumgelb und Weiß für die belichteten Partien des Haares hinzu und deuten in Wellenlinien das lockige Haar des Modells an. Der kalte Hintergrundton wird stellenweise über den Pullover aufgetragen. Eine stärkere Weißausmischung dieses Tons nehmen Sie für die gebogene Schattenlinie unter dem Kragen. Die belichtete Kante des Kragens deuten Sie mit einem einzigen gebogenen Strich in Weiß an. Beachten Sie, daß jetzt beide Augenhöhlen beschattet sind; dennoch ist die belichtete Augenhöhle etwas heller als die beschattete.

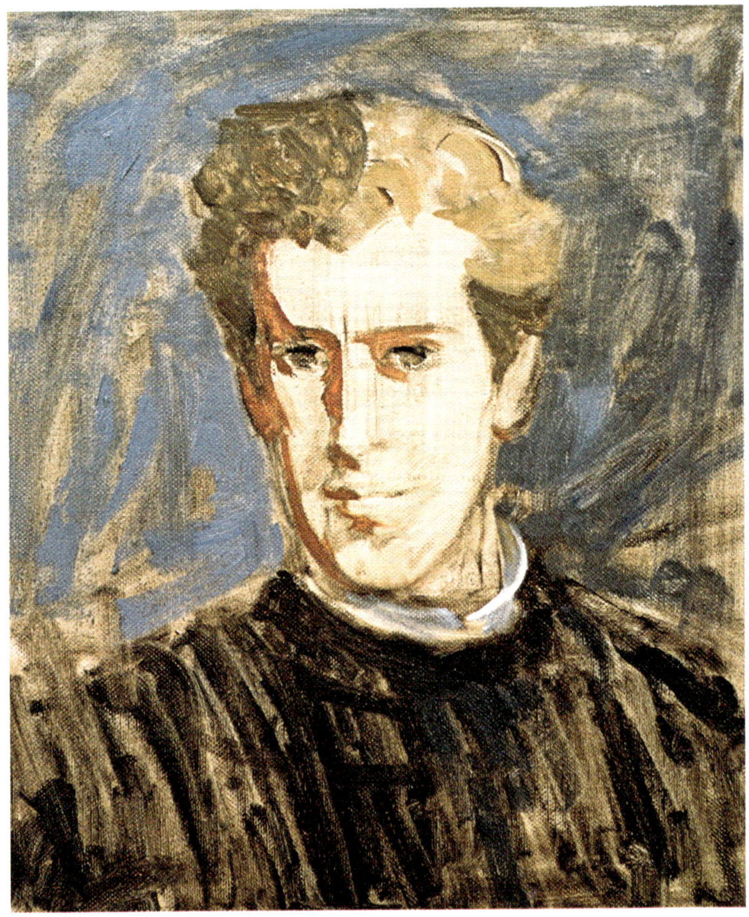

Schritt 4 Mit einem breiten Borstenpinsel tragen Sie die erhellten Partien des Gesichtes in breiter Strichführung mit einer Mischung aus Umbra natur, Kadmiumorange plus Weiß auf, die Sie mit Malmittel zu einer sahnigen Konsistenz verdünnt haben. Diese hellen Aufstriche setzen Sie neben die Schatten; die Lichter und Schatten werden in diesem Arbeitsgang aber noch nicht ineinander gemalt. Es handelt sich um matte Töne. Eine etwas dunklere Version dieser Mischung - weniger Weißbeigaben - erscheint auf der Wange.

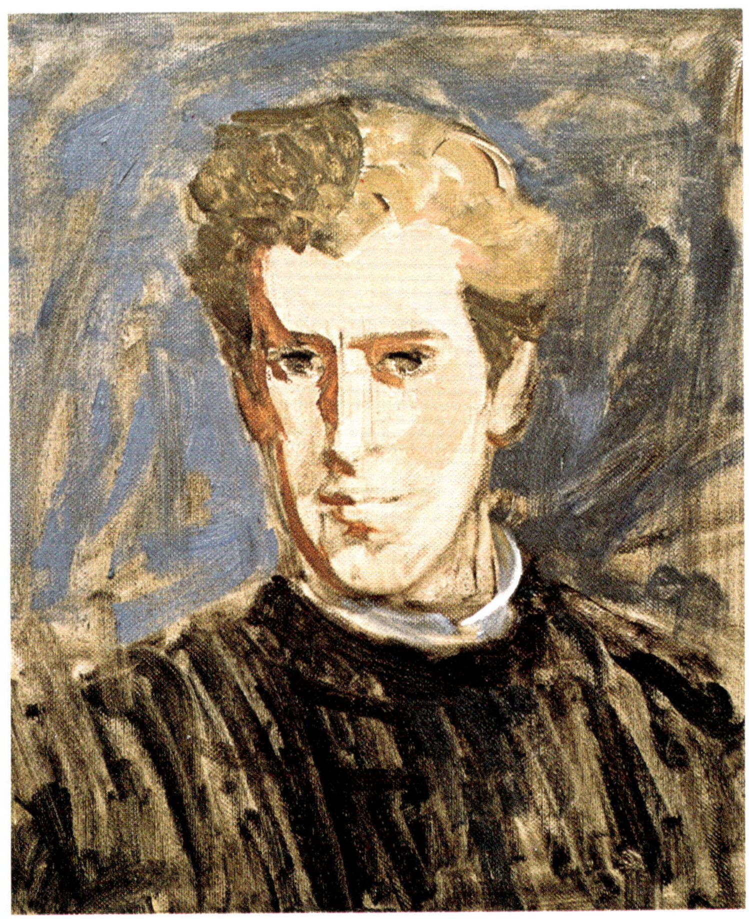

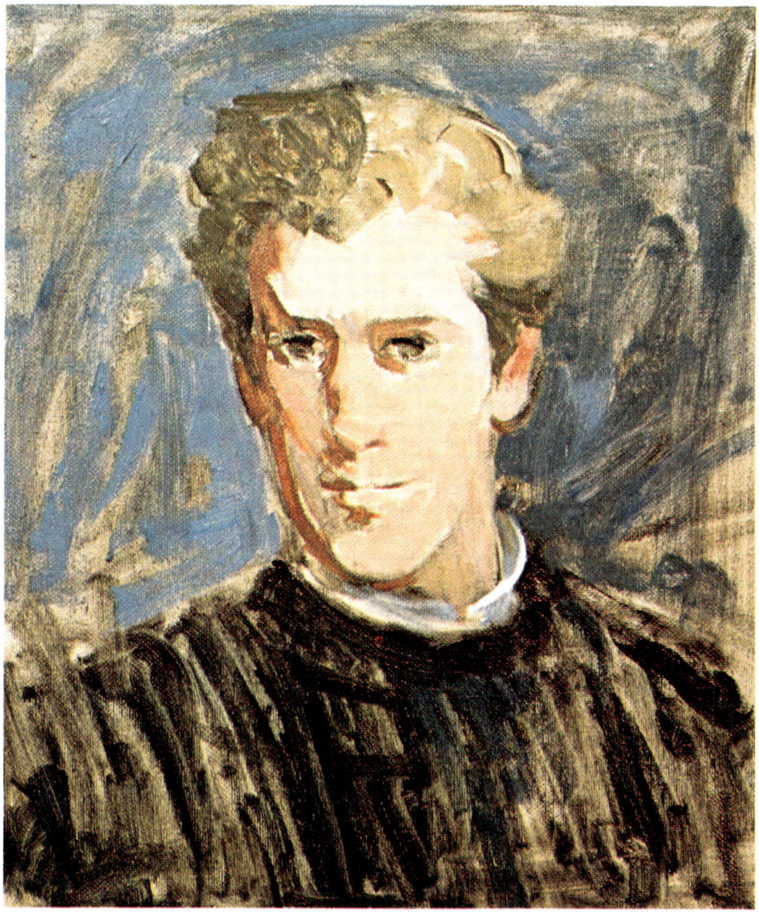

Schritt 5 Jetzt werden Halbtöne auf die untere Gesichtshälfte aufgetragen. Die Töne sind dunkler als die hell erleuchtete Stirn, aber deutlich heller als die Schatten. Für den Ton auf der belichteten Seite des Gesichtes nehmen Sie Umbra natur, Kadmiumorange und Weiß. Der Ton der schattigen Gesichtspartie ist dunkler und enthält mehr Umbra natur und weniger Weiß. Mit dem gleichen Mischton deuten Sie den Schatten zwischen den Augen an, gehen dann in die Winkel der Augenhöhlen, damit diese tiefer und runder erscheinen und streichen über den Hals. Der durchgehende Schattenton - Siena natur, Venezianischrot und etwas Weiß - deutet die Mulde des Ohres an. Hier und dort gehen die Lichter und Schatten ineinander über: Sie können deutlich erkennen, wo mit dem Pinsel weiche Übergänge von Hell nach Dunkel an Stirn und Nasenseite entstanden sind.

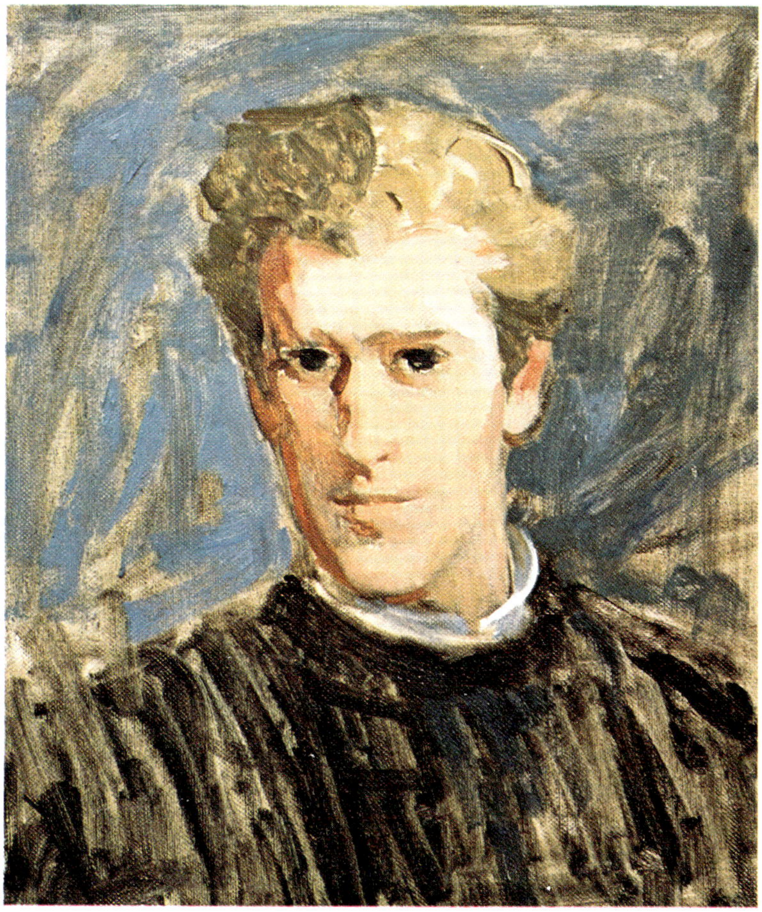

Schritt 6 Jetzt ist es an der Zeit, mit der Durcharbeitung des Bildes zu beginnen. Fügen Sie Lichter und Halbtöne auf Wangen, Kiefer und Kinn hinzu und lassen Sie diese weich ineinander übergehen, damit das Gesicht runder wirkt. Mit der Spitze eines Haar-Rundpinsels betonen Sie die Dunkelheiten des Auges mit Ultramarinblau und Umbra gebrannt und die schattige Mulde neben der Nase mit einem einzigen Strich in Venezianischrot und Ultramarinblau. Mit dem kleinen Pinsel ziehen Sie die dunkle Linie der Oberlippe mit dem vorherrschenden Schattenton (Siena natur, Venezianischrot und Weiß) nach und vertiefen die Schatten um die Augenhöhlen. Mit einem einzigen Pinselstrich und einer Mischung aus Umbra natur, Kadmiumorange plus Weiß legen Sie den schattigen Rand der erhellten Wange rechts an.

Schritt 7 Mit kleinen Pinseln werden die Farben des Gesichtes im Ton verstärkt und die Gesichtsteile klarer herausgearbeitet. Die Schatten auf Stirn, Wange, Kiefer, Kinn, Nase und Lippen vertiefen Sie mit einem dunklen Mischton aus Umbra natur, Venezianischrot plus etwas Weiß. Die Schatten unter den Augenbrauen werden verstärkt und verwischend gemalt. Die Dunkelheiten und Zwischentöne der Unterlider erfahren eine Tonverstärkung, damit die Augen runder wirken. Mit der Spitze eines Haar-Rundpinsels ziehen Sie die dunklen Linien der Augenbrauen und der Oberlider und betonen die Dunkelheiten der Lippen. Dann nehmen Sie mit einem Borstenpinsel etwas von der hellen Mischung aus Umbra natur, Kadmiumorange plus Weiß auf und lichten die hellen Partien an Stirn, Wange, Nase und Kinn auf, die Sie weich in die Schatten übergehend malen. Der Ton der Stirn geht weich in den Haaransatz über. Jetzt beginnen Sie, mit dem Grundton aus Umbra natur, Siena natur, Kadmiumgelb pluß Weiß und einem kleinen Borstenpinsel die Form des Haares herauszuarbeiten. Gehen Sie mit einem breiten Borstenpinsel und einem Mischton aus Umbra gebrannt und Ultramarinblau über den Pullover.

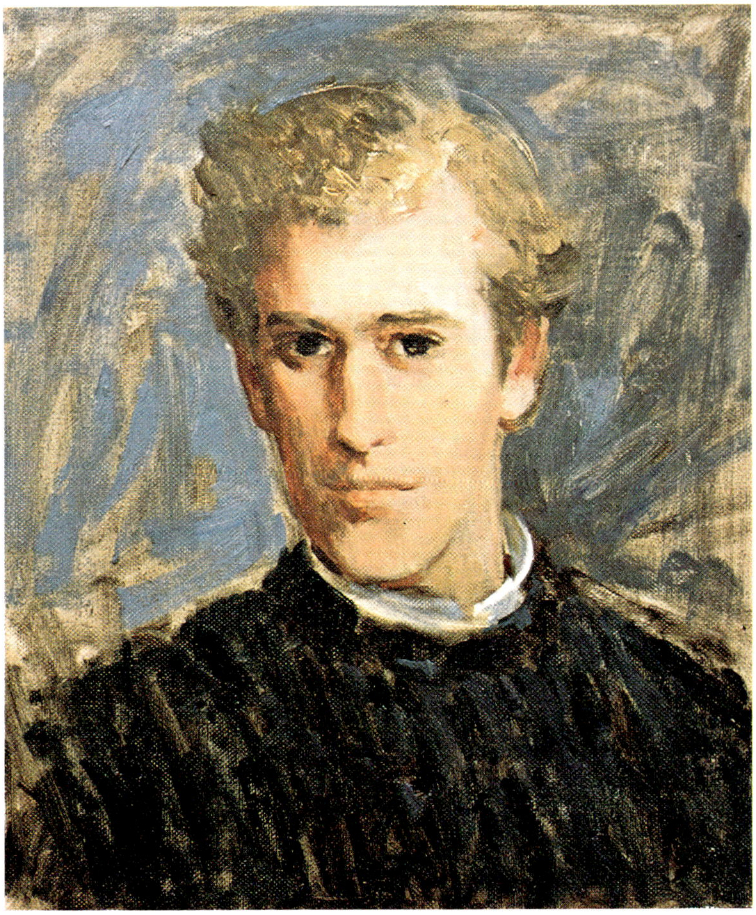

Schritt 8 Mit kleinen Pinseln setzen Sie die Durcharbeitung der Formen fort. Die Augenhöhlen und die Linien um die Augen werden mit der Spitze eines Rundpinsels dunkler und präziser gestaltet. Das Weiße im Auge betonen Sie mit einem Hauch Weiß – zart angetönt mit einer Spur Kobaltblau. Etwas Kobaltblau setzen Sie auch auf die dunkle Iris. Mit einem Rundpinsel und Umbra natur, Venezianischrot und wenig Weiß vertiefen Sie die dunklen Partien um den Nasenrücken unter der Nasenspitze und um den Mund herum. Mit einem einzigen Strich in diesem Mischton arbeiten Sie das Nasenloch auf der erhellten Seite nach, tönen die Schatten unter dem Kinn dunkler ein und fügen eine Spur Schatten unter dem erhellten Ohrläppchen hinzu. Dicke Aufstriche mit Umbra natur, Kadmiumorange und viel Weiß lichten Stirn, Wangen und Kinn auf. Mit dem Grundton des Haares und einem Borstenpinsel vertiefen und verdichten Sie die Schatten des Haares und deuten dann die Struktur in kurzer, präziser Strichführung an.

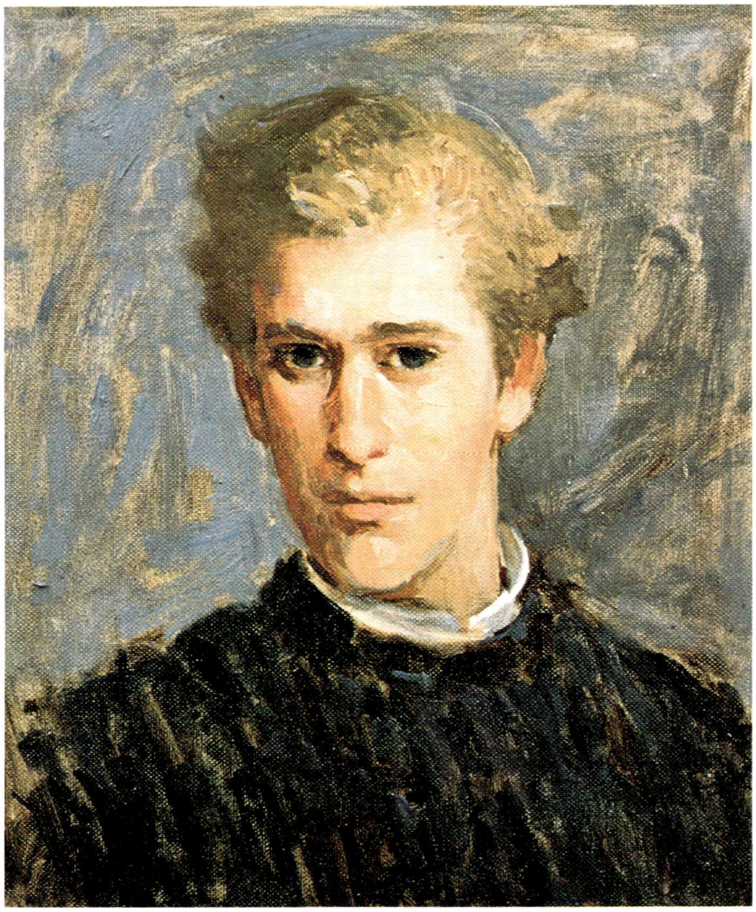

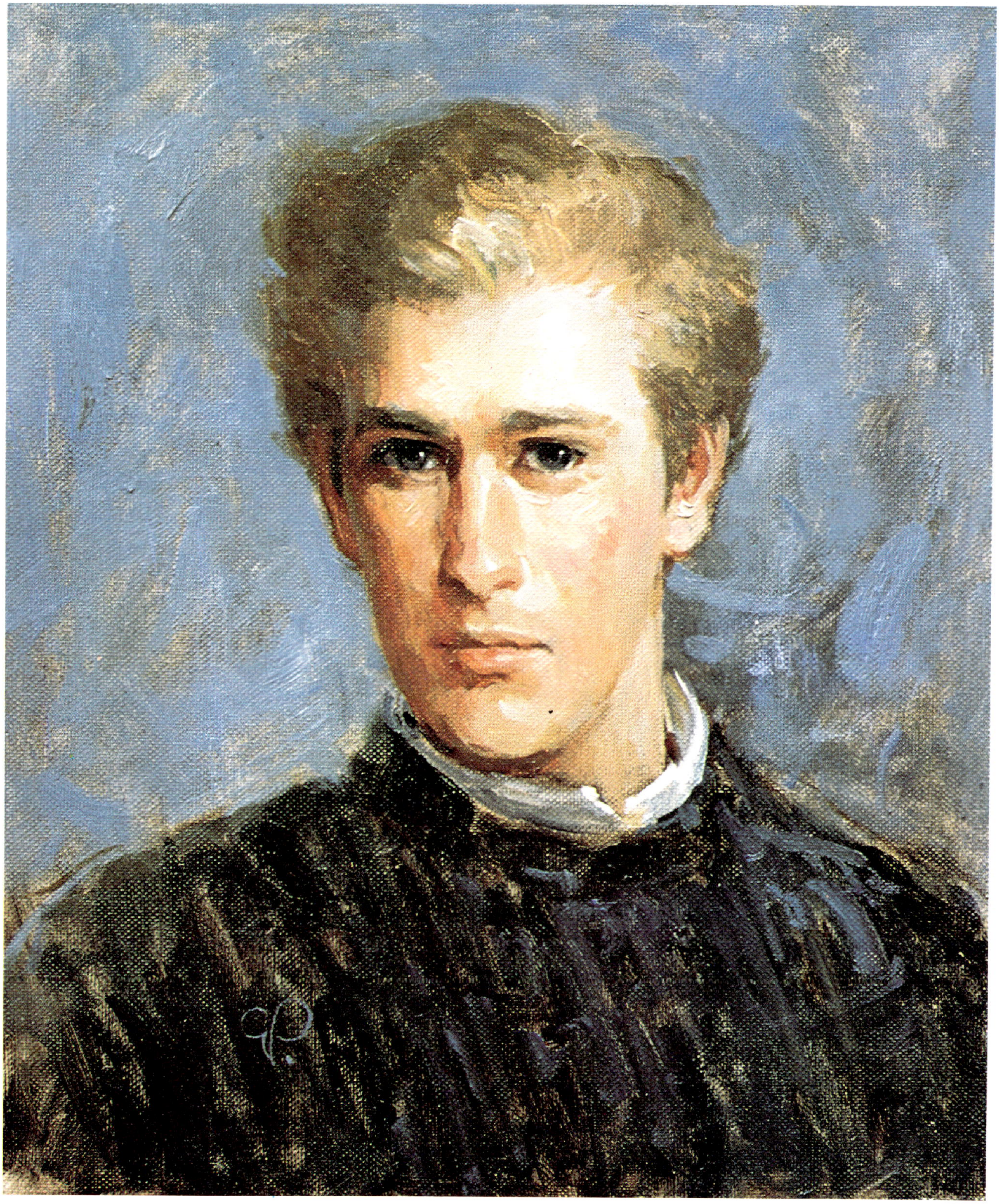

Schritt 9 Die letzte zarte Helldunkel-Modellierung und die sattesten Farben werden in dieser letzten Arbeitsphase ins Bild gebracht. Dicke Aufstriche mit Kobaltblau, Umbra natur und Weiß werden großzügig um den Kopf herum verstrichen und Spuren der gleichen Mischung dem dunklen Pullover hinzugefügt. Dieser kalte Ton steigert die Intensität der warmen Töne des Gesichtes und des Haares. Dann führen Sie kleine Borsten- und Haarpinsel zart über das Gesicht: Sie vertiefen die Schatten mit Umbra natur und Venezianischrot; Sie verstärken die Linien der Brauen, Augen, Nasenlöcher, Lippen und des Kinns mit Umbra gebrannt und Ultramarinblau; Sie arbeiten das Ohr klarer heraus; Sie setzen Glanzlichter in reinem Weiß auf die Augen; dann fügen Sie der erhellten Seite des Gesichtes leuchtende Aufstriche in fast reinem Weiß (angetönt mit Spuren von Umbra natur und Kadmiumorange) hinzu.

Schritt 1 Nehmen Sie mit einem Lappen eine flüssige Mischung aus Umbra natur und wenig Kadmiumgelb auf, die Sie stark mit Terpentin verdünnt haben. Dieser Mischton wird flüchtig-leicht über die Leinwand verrieben; die Gesichtspartie bleibt ausgespart. Mit einem Haar-Rundpinsel skizzieren Sie die Linien des Gesichtes, des Haares und der Schultern mit Umbra gebrannt und Ultramarinblau, mit Terpentinöl zu einer aquarellfarbenartigen Konsistenz verdünnt, damit die Farbe frei ausfließt. Zunächst erfassen Sie die ovale Form des Kopfes, die senkrechten Linien des Haares und des Halses und die eckigen Linien der Schultern. Dann wird eine senkrechte Achse durch die Mitte des Gesichtes gezogen und die Gesichtszüge links und rechts mit ein paar Strichen angedeutet. Diese Skizze hat nur den Zweck, die Formen und Proportionen des Kopfes und die Lage der Gesichtszüge zu bestimmen.

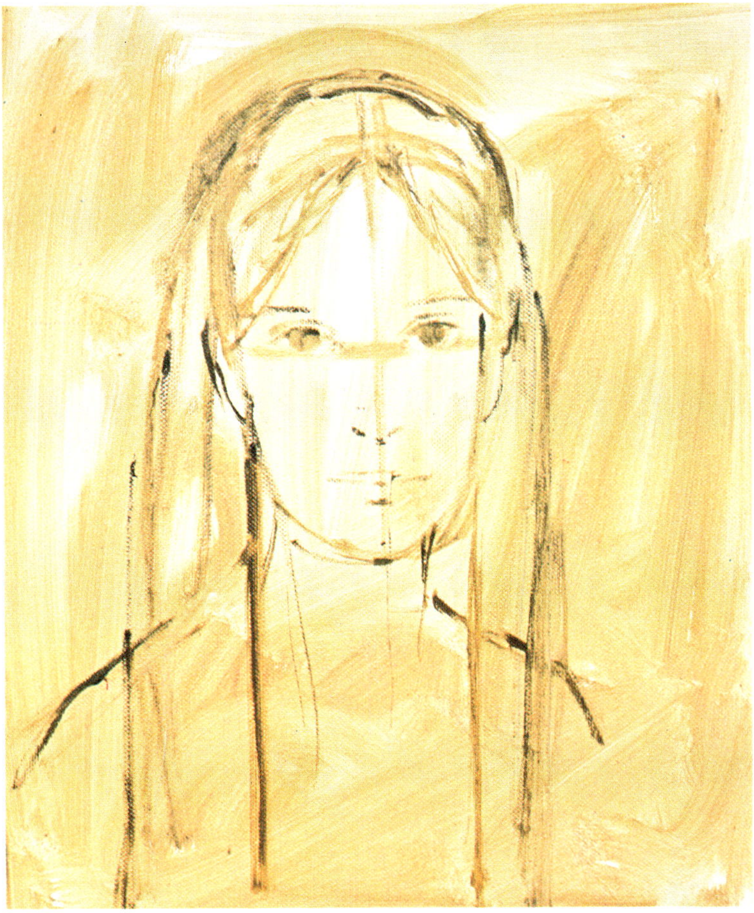

Schritt 2 Mit einem breiten Borstenpinsel tönen Sie den Hintergrund mit großzügigen Schraffurstrichen dunkler ein (Umbra gebrannt und Lichter Ocker). Die Schatten auf Gesicht und Hals werden in zarter Strichführung mit Umbra natur, Lichter Ocker und Weiß - mit Malmittel zu einer flüssigen Konsistenz verdünnt - gemalt. Eine dunklere Version dieses Tons wird zur Andeutung des Haares um den Kopf herum und über die Schultern verstrichen. Wickeln Sie einen sauberen Lappen um die Fingerspitze und heben Sie die erhellten Partien des Gesichtes und des Haares heraus. Mit der Spitze eines Rundpinsels malen Sie die dunklen Linien der Augenlider und die dunklen Formen der Augen, die schattige Nasen-Unterkante und die schattigen Linien der Lippen. Ein paar Striche im dunklen Hintergrundton deuten die Jacke des Modells an.

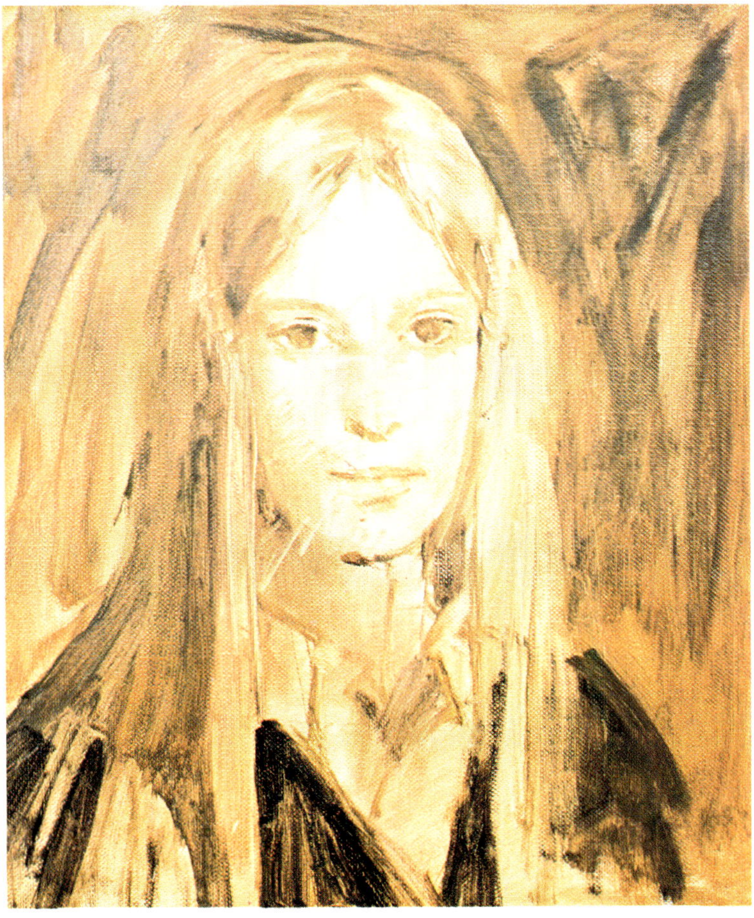

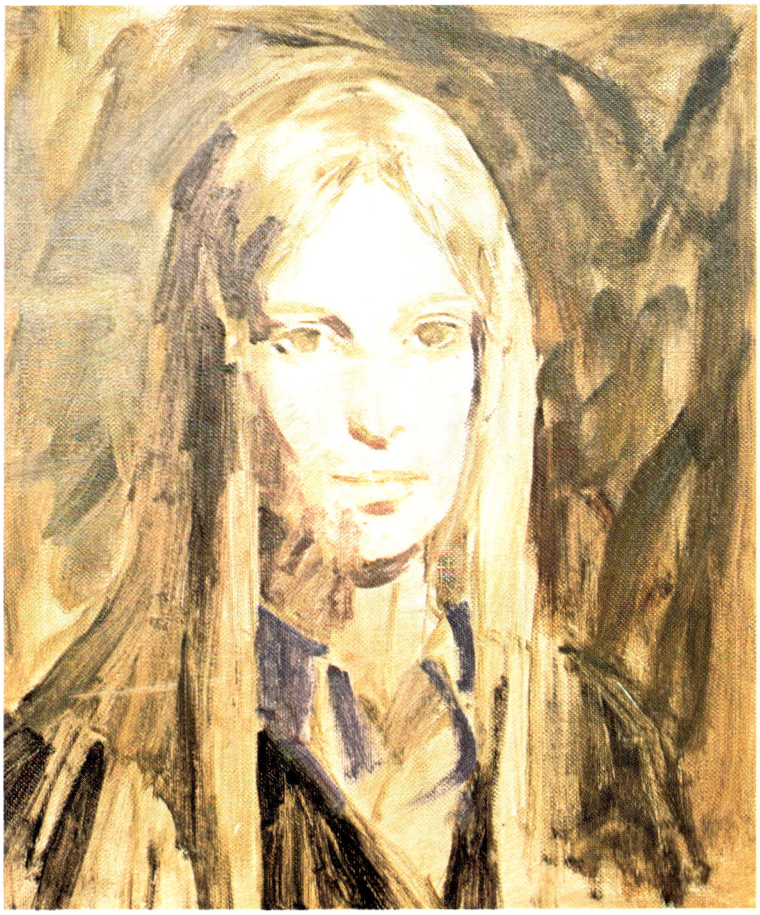

Schritt 3 Mit einem breiten Borstenpinsel vertiefen Sie die Schatten auf dem Haar und dem Gesicht in großzügiger Strichführung mit einer Mischung aus Umbra natur und Kobaltblau, die Sie mit Kadmiumrot wärmer eingetönt und mit Malmittel verdünnt haben. Beachten Sie, wie ein paar sorgfältig plazierte Aufstriche dieser Mischung die Schatten der Augenhöhlen, der Nasenspitze, der Unterlippe und des Kinns intensivieren. Tönen Sie mit einem breiten Pinsel den Hintergrund mit Umbra gebrannt und Ultramarinblau dunkler ein, um den Kontrast zwischen dem stark erhellten Kopf und der umgebenden Dunkelheit zu erhöhen. Der kalte Schatten des Kragens wird mit ein paar geraden Strichen und Kobaltblau, Alizarinkrapplack und Weiß angedeutet.

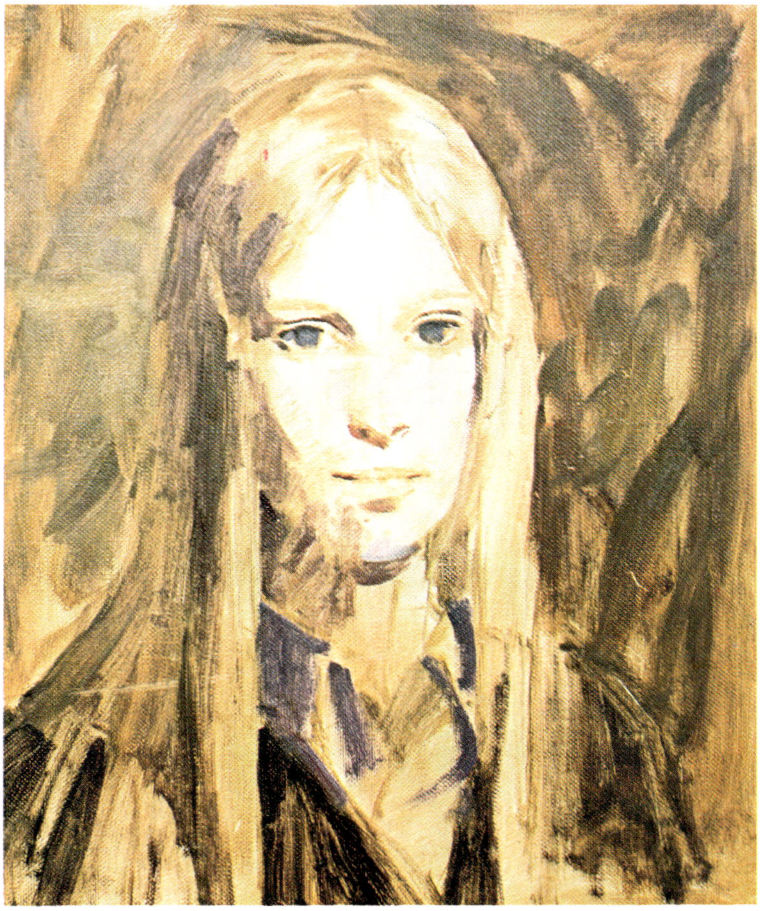

Schritt 4 Mit der Spitze eines Rundpinsels und einem Mischton aus Umbra natur und Lichter Ocker ziehen Sie die Linien der Augenlider nach; dann fügen Sie Spuren dieser Mischung den Schatten unter der Nase, den Nasenlöchern und den Mundwinkeln hinzu. Mit der Spitze eines kleinen Borstenpinsels fügen Sie den Augen Spuren von Kobaltblau und Umbra natur hinzu. Diese wenigen dunklen Partien lassen das Gesicht runder, plastischer und naturgetreuer erscheinen.

Schritt 5 Die wenigen dunklen Gesichtspartien sind klar erfaßt worden, und jetzt ist es an der Zeit, auf die Lichter einzugehen. Den blassen, zarten Hautton des blonden Modells ermischen Sie aus Umbra natur, Kadmiumrot, Kadmiumorange und viel Weiß. Gehen Sie damit über die Stirn und mit einer etwas dunkleren Version dieser Mischung über die Wangen, die Nase und den Hals. Die Lichtpartien des Haares legen Sie zunächst mit breiten Strichen und einem Mischton aus Lichter Ocker, Umbra natur und Weiß an. Die ersten hellen Töne der Bluse werden mit wenigen Strichen in Weiß, angetönt mit Alizarinkrapplack und Kobaltblau, ausgeführt.

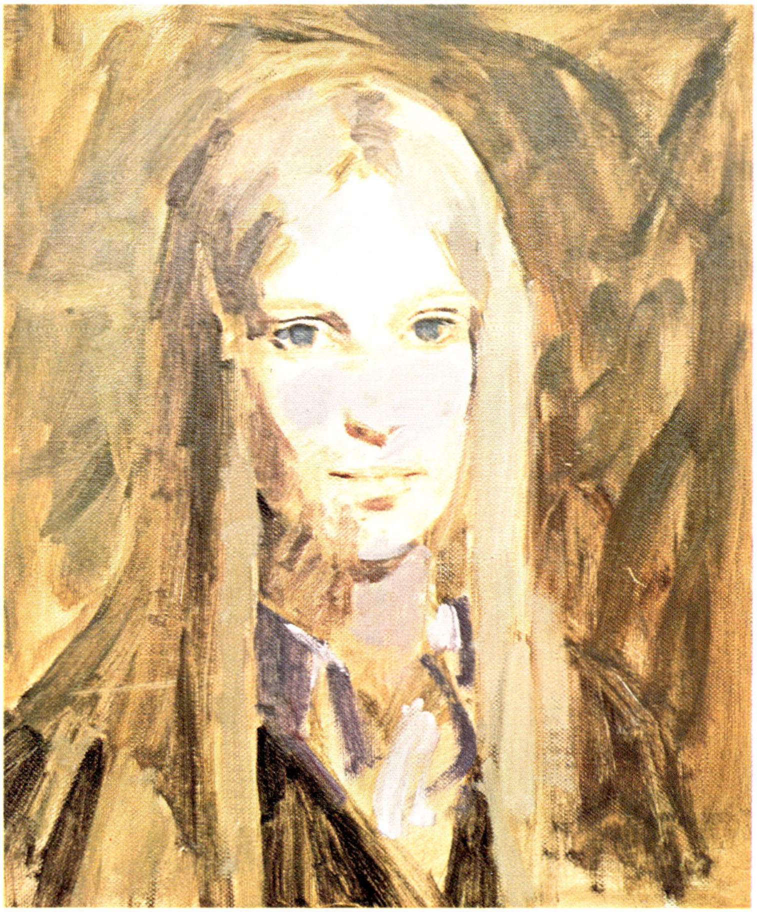

Schritt 6 Die Lichter werden vollständig mit einer hellen Mischung aus Umbra natur, Kadmiumrot, Kadmiumorange plus Weiß übergangen. Dann mischen Sie die ersten zarten Halbtöne, indem Sie der Mischung mehr Umbra natur beifügen. Diese Töne werden unter den Brauen, zwischen den Augen und unter der Wange aufgetragen, wo die runde Form in den Schatten übergeht. Mit einem kleinen Rundpinsel gehen Sie in den vorherrschenden Schattenton, tönen die Augenwinkel dunkler ein und verstärken die Nasen-Unterkante. Fügen Sie der Hautmischung mehr Kadmiumrot hinzu und nehmen Sie sich die Lippen vor. Die im Licht befindliche Unterlippe enthält mehr Weiß. Die schattige Gesichtspartie erfährt mit dem vorherrschenden Schattenton eine Tonverstärkung; Spuren dieses Tons betonen die Mundwinkel.

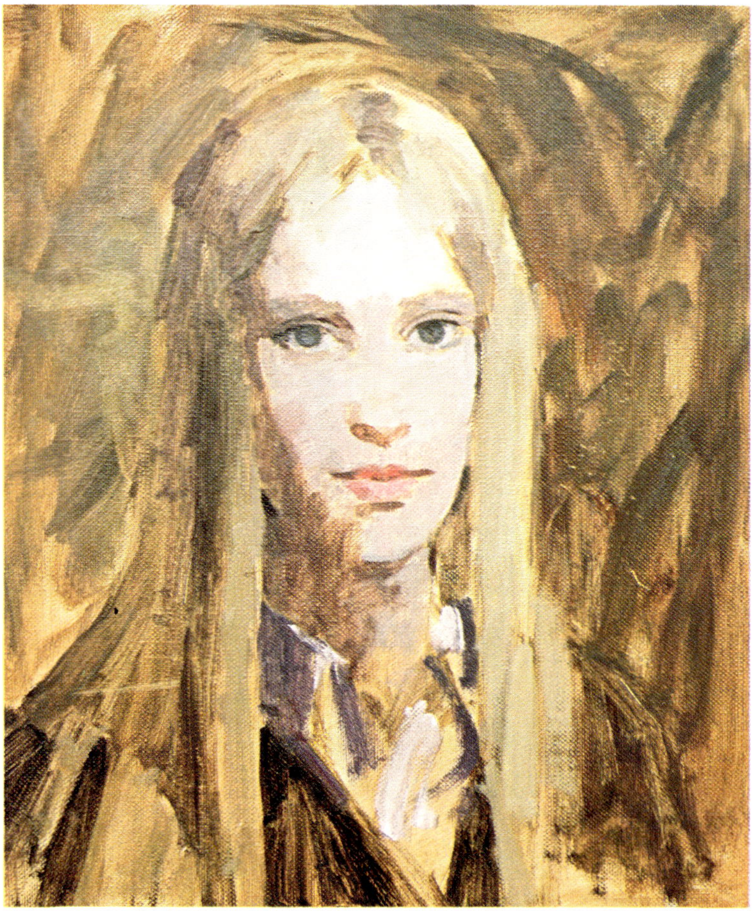

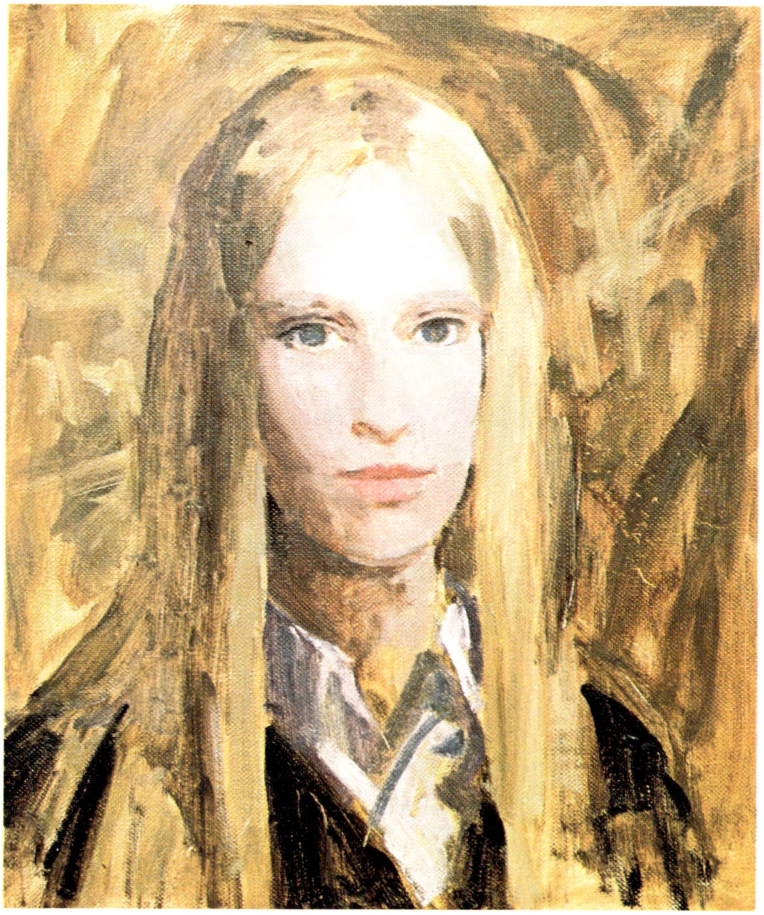

Schritt 7 Die Mitteltöne dieses Gesichtes sind extrem zart und kaum sichtbar; Sie müssen schon sehr genau hinsehen. Der Hautton, unter Beigabe von etwas mehr Umbra natur, wird dort aufgetragen, wo die Licht- und Schattenpartien aneinandergrenzen: an der Seite des Gesichtes, an der Nasenseite entlang und am Kinn, wo der Kiefer in den Schatten übergeht. Beginnen Sie, die Lichter, Zwischentöne und Dunkelheiten ineinander verlaufen zu lassen. Die Farbe der Wangen wird mit wenig Kadmiumrot betont. Lassen Sie die Lippenränder weicher in den benachbarten Farbton übergehen. Die Ausarbeitung der hellen und dunklen Partien der Bluse wird mit Ultramarinblau, Alizarinkrapplack und Weiß – mit mehr Weiß in den erhellten Partien – fortgesetzt. Der Jacke fügen Sie dunkle Aufstriche mit Umbra gebrannt und Ultramarinblau hinzu.

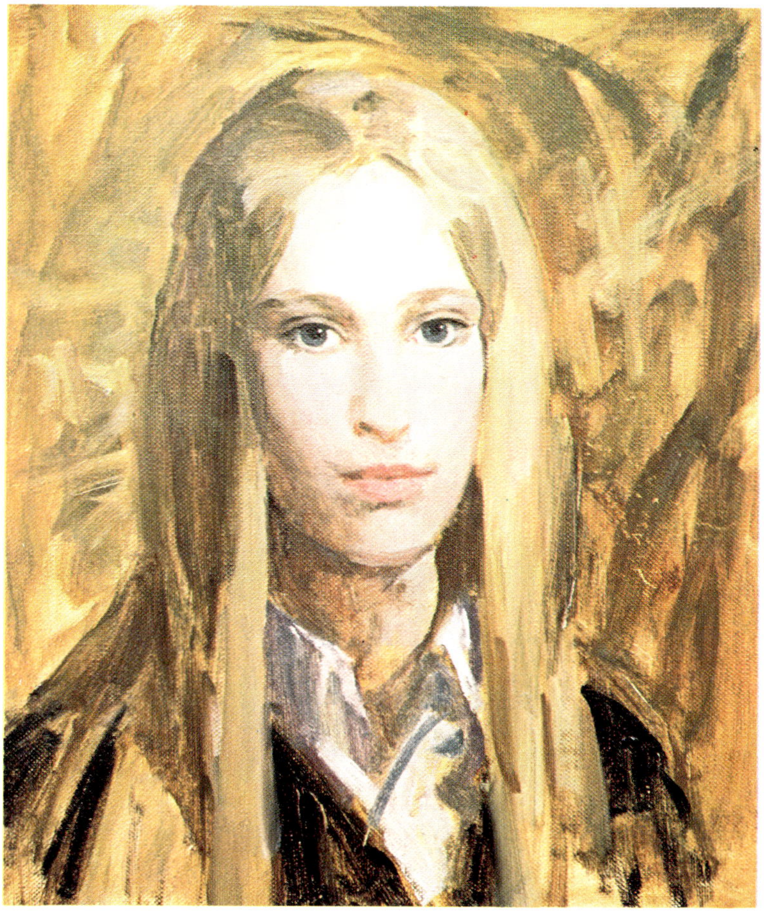

Schritt 8 Die schattigen Haarpartien werden in breiter, zügiger Strichführung mit einem Borstenpinsel, der mit Umbra natur, Lichter Ocker und einer Spur Venezianischrot (um einen Anstrich von Wärme hinzuzufügen) gefüllt ist, klarer umrissen. Mit einer stärkeren Weißausmischung dieses Tons verstärken Sie die Töne der belichteten Haarpartien. Mit der Spitze eines Rundpinsels ziehen Sie die dunklen Linien der Augenlider nach und fügen die Pupillen mit Umbra gebrannt und Ultramarinblau hinzu. Dann betonen Sie das Weiße im Auge und setzen Glanzlichter in Weiß, schwach getönt mit Umbra natur, auf. Die Augenbrauen und die -höhlen erfahren mit dem durchgehenden Schattenton eine Tonverstärkung. Weitere Aufstriche mit dem hellen Hautton werden über das Gesicht verteilt und weich in die Schattenränder übergehend gemalt.

Schritt 9 Mit kleinen Flachpinseln verstärken Sie die Schatten auf Wangen, Kiefer, Nase und Augenhöhlen. Der Schatten unter dem Kinn und der dunkle Ton am Hals werden mit dieser Mischung vertieft. Die Unterlider tönen Sie dunkler ein, damit die Augen stärker hervortreten. Die Lippen werden noch einmal mit Kadmiumrot und Weiß übergangen und durch ein Glanzlicht auf der Unterlippe leuchtender gestaltet. Beachten Sie, wie mit dem Zipfel eines Lappens etwas Farbe vom Kiefer und von der schattigen Haarpartie herausgehoben wird, um Lichtreflexe anzudeuten. Die belichtete Seite des Haares gestalten Sie voller mit dicken Aufstrichen aus Umbra natur, Lichter Ocker und viel Weiß. Der warme Hintergrundton wird stellenweise mit einer kalten Farbmischung aus Kobaltblau und Umbra natur schraffierend übergangen und matter eingetönt; er tritt jetzt stärker von den leuchtenden Tönen des Haares und des Gesichtes zurück.

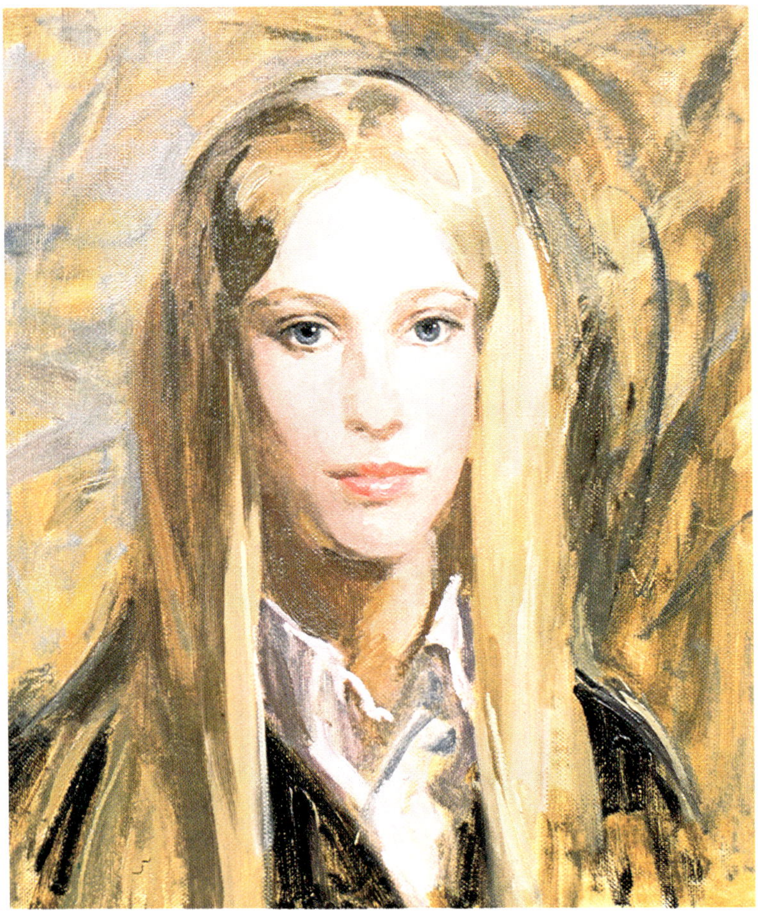

Schritt 10 Das Haar wird mit dicker, sahniger Farbe aus Lichter Ocker, Umbra natur, einer Spur Kadmiumorange und Weiß herausgearbeitet, die mit Malmittel so stark verdünnt wird, bis die Farbe glatt ausfließt. Die nassen Aufträge der Schatten, die mehr Umbra natur als die Lichter enthalten, werden dicht neben die helleren Aufträge gesetzt. Die teilweise ineinander gemalten Aufstriche schaffen verschwimmende Formkonturen. Das Haar an der Stirn wird mit gebogenen Linien gemalt, das Haar an der Seite dagegen mit geraden, senkrechten Strichen. Mit der Spitze eines Rundpinsels tönen Sie behutsam die Augenwinkel dunkler ein, verstärken die Brauen und fügen zwei dunkle Tupfer für die Nasenlöcher hinzu. Die Wangen gewinnen allmählich mehr Tontiefe, indem Sie Kadmiumrot und Weiß ohne starre Abgrenzungen auftragen. Die dunklen Töne der Jacke werden mit Ultramarinblau und Umbra gebrannt vervollständigt.

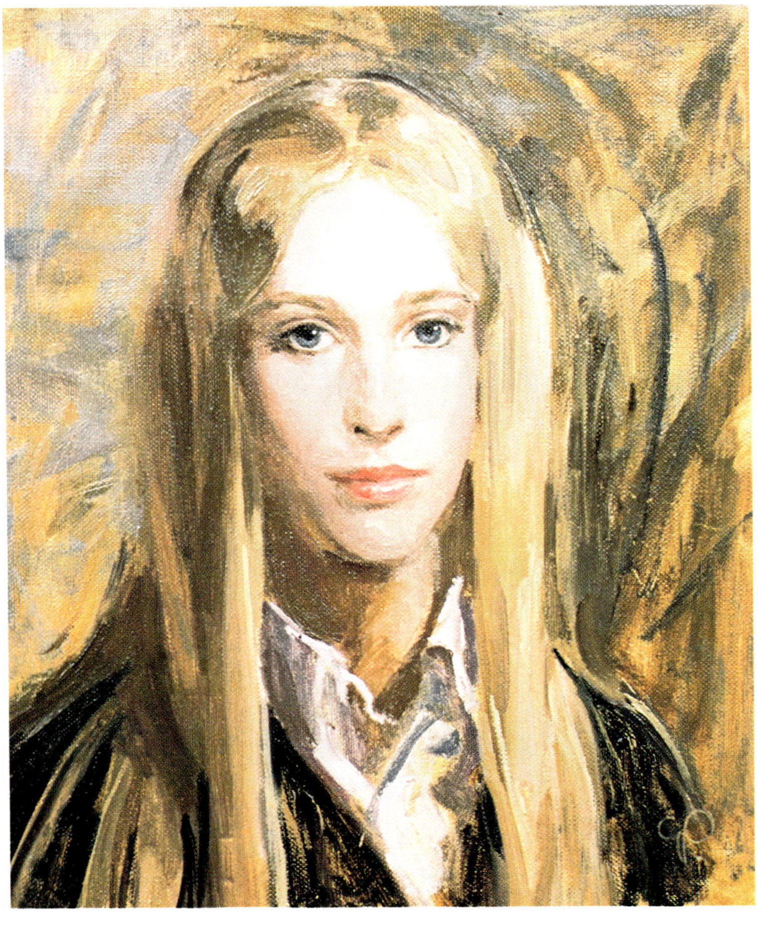

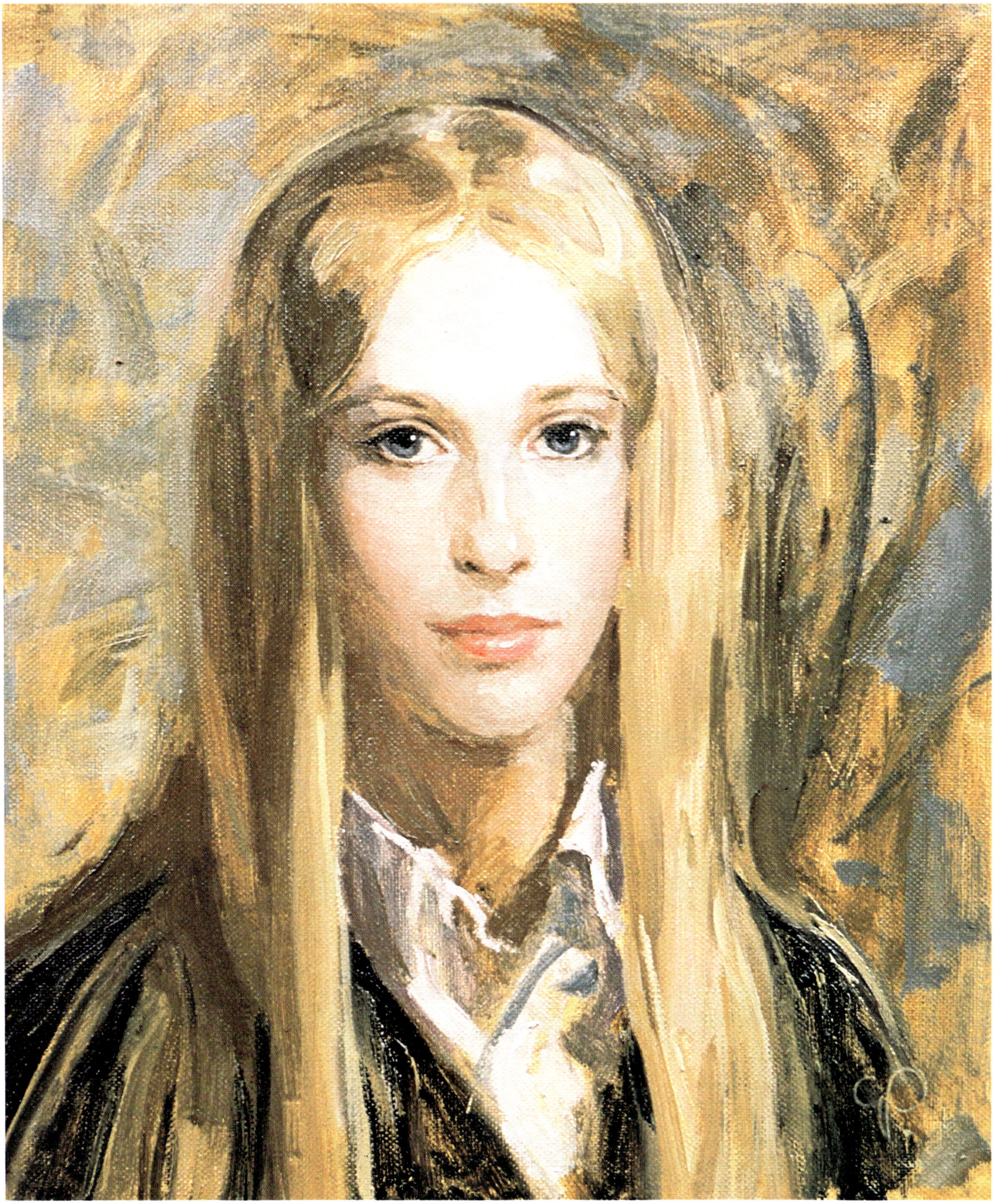

Schritt 11 Die wenigen letzten Farbspuren werden mit kleinen Haarpinseln hinzugefügt, mit denen Sie die Augenränder weicher gestalten, die Konturen der Lippen nachziehen und die Linie der Nase betonen. Glanzlichter – reines Weiß, schwach getönt mit dem Hautton – werden auf den Nasenrücken, an der Nasenspitze, behutsam oberhalb der Oberlippe und schließlich auf das Kinn gesetzt. Den inneren Augenwinkeln werden hellere Aufstriche hinzugefügt, die die Lider leuchtender erscheinen lassen. Mit einem breiten Borstenpinsel übergehen Sie stellenweise noch einmal den kalten Hintergrundton; durch den Kontrast wird die Leuchtkraft des goldenen Haares erhöht.

Schritt 1 Umbra gebrannt und wenig Kadmiumorange werden auf der Palette gemischt, mit Terpentin verdünnt und mit einem Lappen auf die Leinwand aufgetragen. Mit einem kleinen Borstenpinsel nehmen Sie die gleiche Mischung, die Sie mit weniger Terpentin verdünnt haben, auf und skizzieren die Umrisse des Gesichtes, des Kopfes und des Halses. Dann ziehen Sie mit der Spitze eines Haar-Rundpinsels die senkrechte Mittelachse und die waagerechten Hilfslinien, die die Lage der Gesichtszüge bestimmen. (Diese Linien sind sehr zart und werden im Verlauf der Arbeitsgänge völlig verschwinden.) Dann deuten Sie mit einem Haarpinsel rasch die Gesichtszüge mit ein paar kräftigeren Linien an. Gehen Sie nicht auf die Einzelform ein. Wichtig sind nur die Lage und die Stellung der Gesichtszüge zueinander.

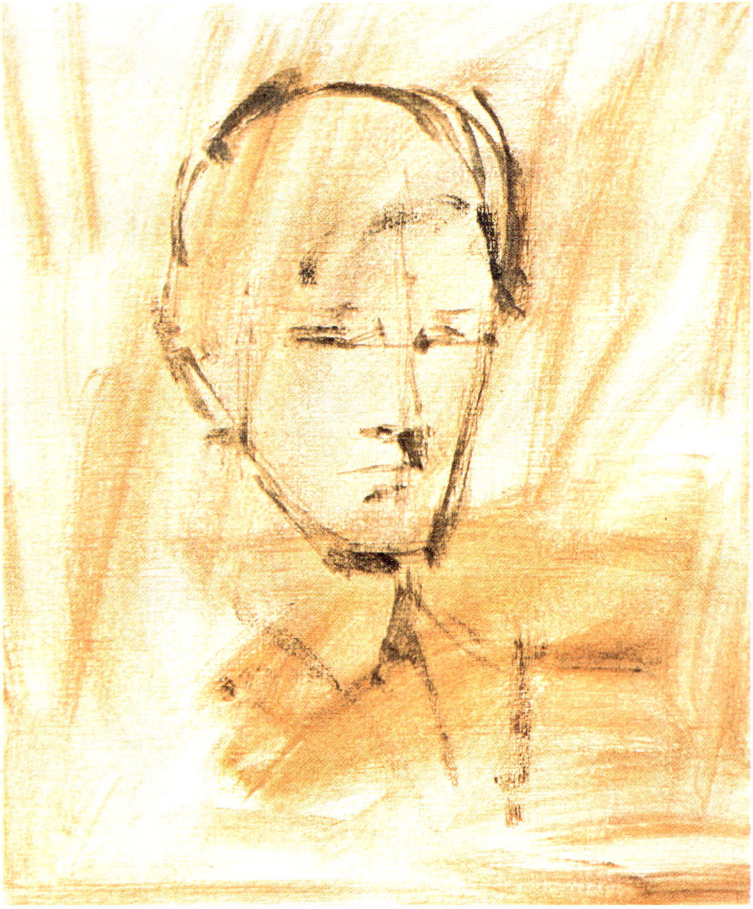

Schritt 2 Mit einem Borstenpinsel tragen Sie den dunklen Ton des Haares auf und deuten dann die Helldunkel-Modellierung des Gesichtes an. Die Augenhöhlen werden schattig gemalt. Dann tragen Sie mit dem Pinsel dunkle Farbe auf: an der einen Seite der Nase, von der Nasen-Unterkante bis zur Oberlippe, unter der Ober- und Unterlippe und unter dem Kinn. Mit einem einzigen dunklen Strich deuten Sie die Ohrmulde an. Dann schraffieren Sie hellere Töne über die Stirn, neben die schattige Gesichts- und Halsseite und unter dem Kragen. Sie arbeiten noch immer mit dem in Schritt 1 verwendeten Farbton aus Umbra gebrannt, Kadmiumorange und Terpentin. Die Vorzeichnungsskizze ist fertig.

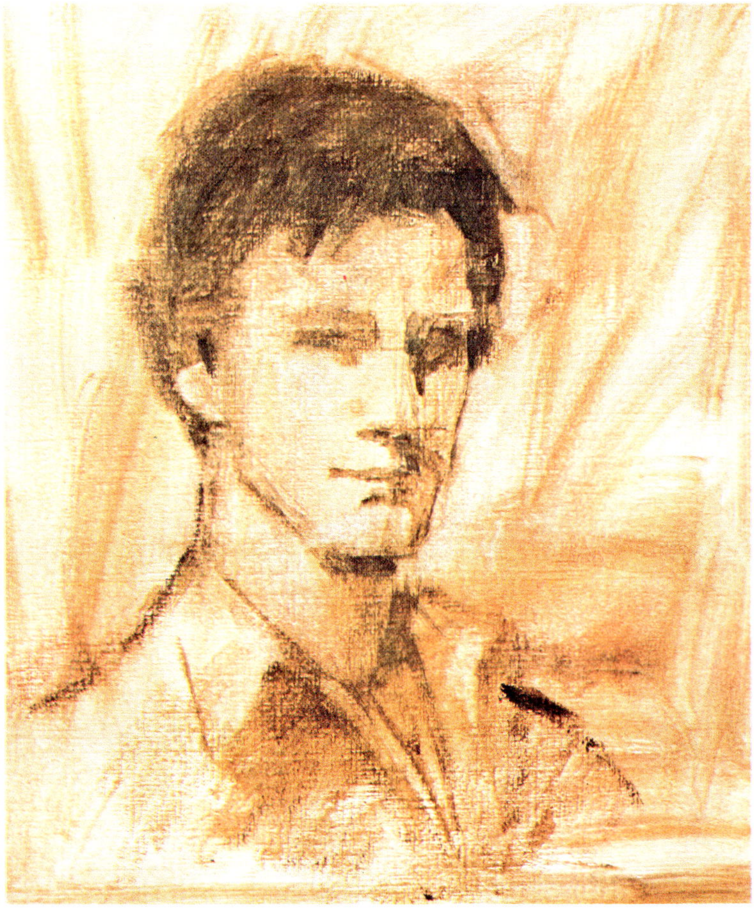

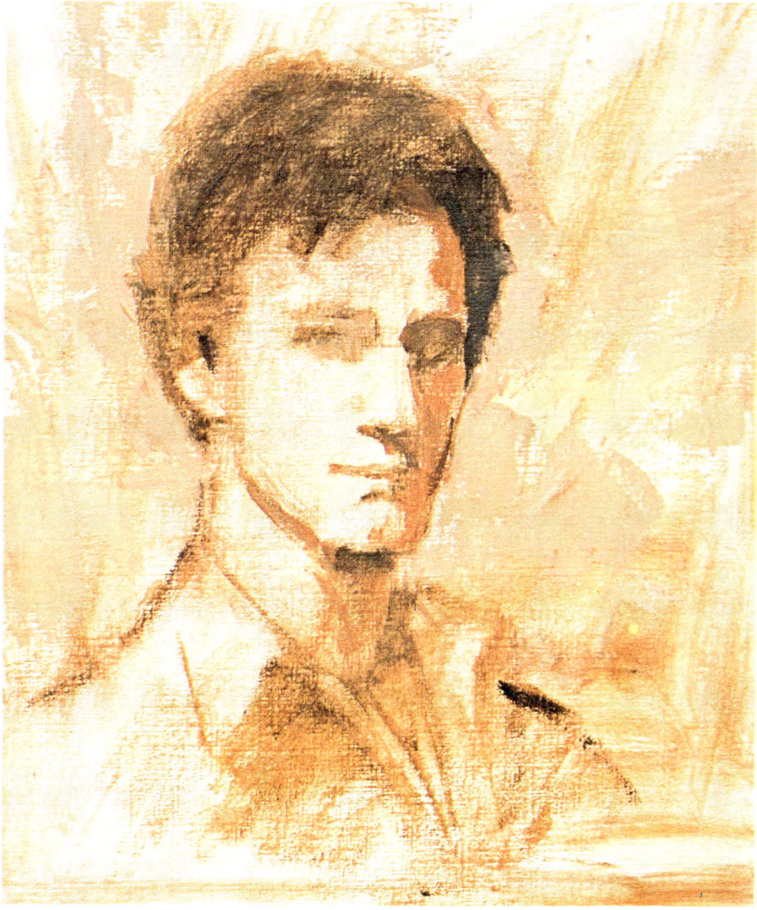

Schritt 3 Jetzt nehmen Sie mit einem Borstenpinsel sattere Farbe auf. Die schattige Seite des Kopfes wird mit einer Mischung aus Umbra natur, Siena natur, Venezianischrot plus Weiß gemalt. Die Farbe wird von der Stirn nach unten gehend bis zum Kinn aufgetragen und wiederholt sich am Hals. Beachten Sie, daß die belichtete Seite des Kopfes jetzt heller ist als in Schritt 2, die mit einem um den Finger gewickelten Lappen herausgehoben wurde. Der Hintergrundton wird mit einem Malmesser flächig aufgetragen (Umbra gebrannt, Lichter Ocker und viel Weiß). Sie können diesen Ton oberhalb der Schultern, neben der beschatteten Wange und hinten am Hals erkennen. Das Heranführen des Hintergrundtons an die Wange dient dem Künstler als Maßstab, wie dunkel er die Schattenseite der Wange tönen will und wie hell den Hintergrund. Nehmen Sie den Hintergrund immer früh in Angriff und heben Sie ihn nicht bis zum Schluß auf.

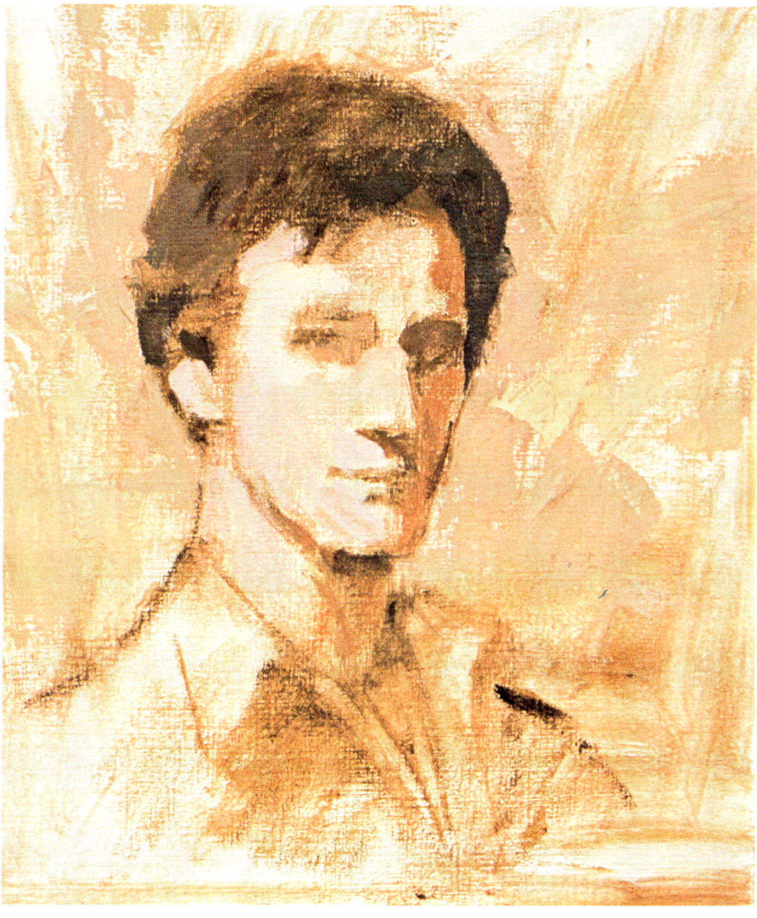

Schritt 4 Mit einem Borstenpinsel füllen Sie die hellsten Partien des Gesichtes mit einer Mischung aus Umbra natur, Siena natur, Venezianischrot und Weiß aus. Das ist die gleiche Mischung wie für die Schattenseite, unter Beifügung von mehr Weiß. Beachten Sie, daß ein Flecken auf der Stirn ausgespart worden ist; an dieser Stelle wird in späteren Phasen die größte Mittelton-Partie aufgetragen. Über dem Ohr übergehen Sie das Haar stellenweise mit einem satten Farbton - eine Mischung aus Umbra gebrannt, Kadmiumorange und Weiß. Bei näherer Betrachtung der unteren Gesichtshälfte werden Sie erkennen, daß die Farbe der Wangen mit einem Extratupfer Venezianischrot wärmer angetönt wird.

Schritt 5 Jetzt werden die Mitteltöne zwischen den Licht- und Schattenpartien angelegt. Mit der gleichen Mischung aus Umbra natur, Siena natur, Venezianischrot und Weiß und einem Borstenpinsel wird der Flecken auf der Stirn übergangen. Dann gehen Sie mit dem Pinsel in die Augenhöhle auf der belichteten Seite des Gesichtes und fügen der Nase, den Lippen, dem Kinn und dem Hals Mitteltöne hinzu. Sie können deutlich erkennen, daß diese Mitteltöne genau zwischen den in Schritt 3 und 4 gemalten Lichtern und Schatten stehen. Die Töne werden noch nicht ineinander übergehend gemalt. Ein paar Striche mit Weiß und Umbra natur deuten den hell erleuchteten Kragen an.

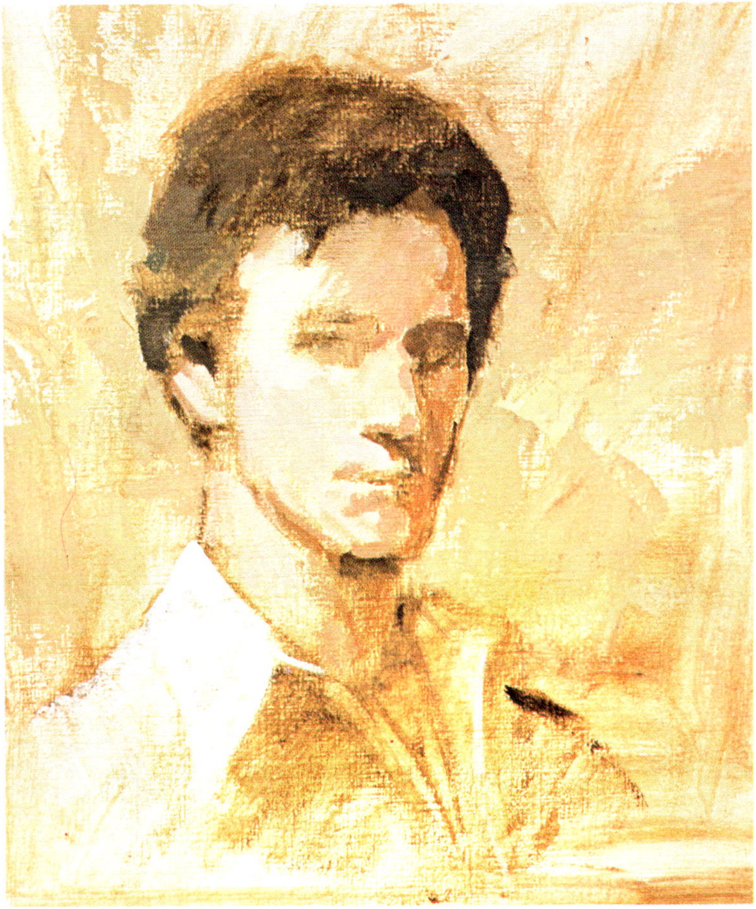

Schritt 6 Mit ein paar Strichen in Umbra gebrannt und Ultramarinblau, aufgehellt mit einer Spur Weiß, deuten Sie mit der Spitze eines kleinen Pinsels die Augenbrauen, die schattigen Linien der Oberlider und die dunklen Flecken der Augen selbst an. Mit helleren und mittleren Mischtönen aus Umbra natur, Siena natur, Venezianischrot und unterschiedlichen Weißbeigaben und der Spitze eines kleinen Borstenpinsels umreißen Sie die Form des Mundes. Jetzt können Sie die dunkle Partie der Oberlippe und die erhellte Partie der Unterlippe deutlicher erkennen. Mühelos können Sie die drei grundlegenden Tonwerte unterscheiden: Dunkelheiten, Zwischentöne und Lichter. Durch die wenigen Pinselstriche, mit denen Sie die schattigen Augenhöhlen in Augen umformen, gewinnt das Gesicht an Lebendigkeit.

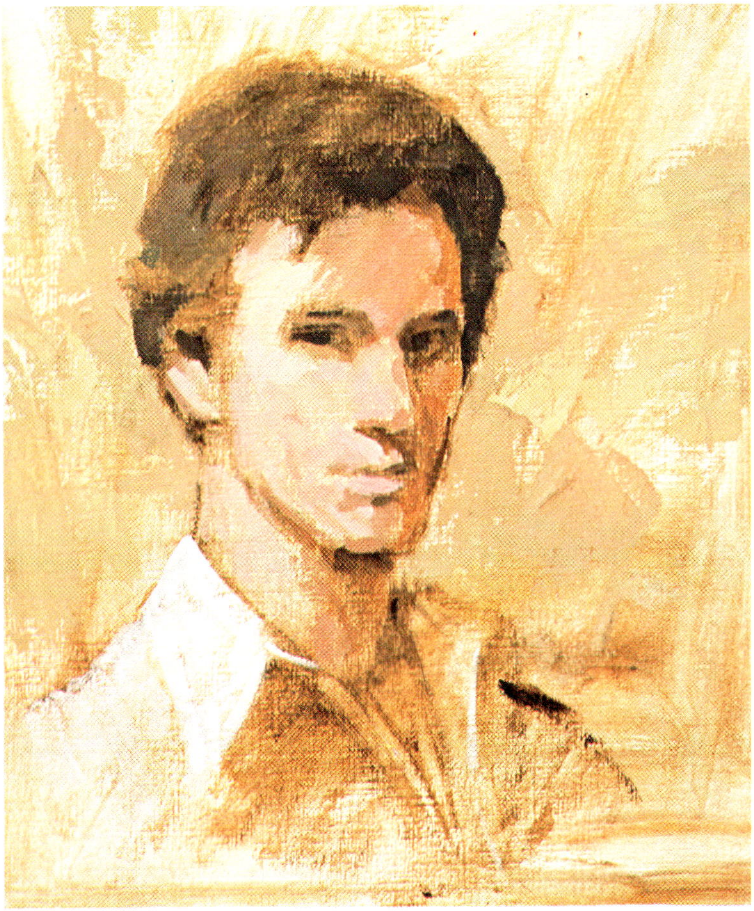

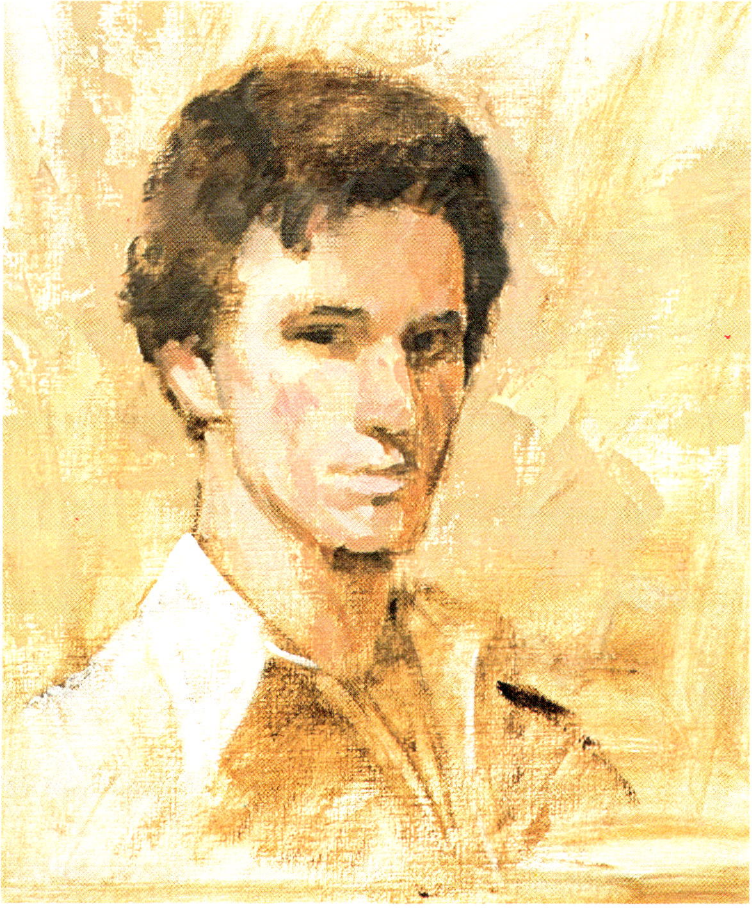

Schritt 7 Jetzt beginnen Sie, einige Töne ineinander zu malen. Mit hin- und herbewegtem Pinsel verbinden Sie die Dunkelheiten, Zwischentöne und Lichter auf der Stirn. Weitere Zwischentöne kommen auf Nase und Unterlippe und auf Wange und Kiefer auf der belichteten Seite des Gesichtes hinzu. Eine Spur Kadmiumrot, im Ton mit viel Weiß abgeschwächt, fügt der Wange einen rötlichen Ton hinzu. Die Form der Augenhöhle - auf der belichteten Seite des Gesichtes - wird mit dem Schattenton in kurzer, zügiger Strichführung verstärkt. Wo das Haar über dem Ohr steht, wird ein Schatten hinzugefügt. Mit einem Haar-Rundpinsel verstärken Sie die Dunkelheiten des Haares mit kleinen, gebogenen Strichen mit einem Mischton aus Umbra gebrannt, Ultramarinblau und wenig Weiß.

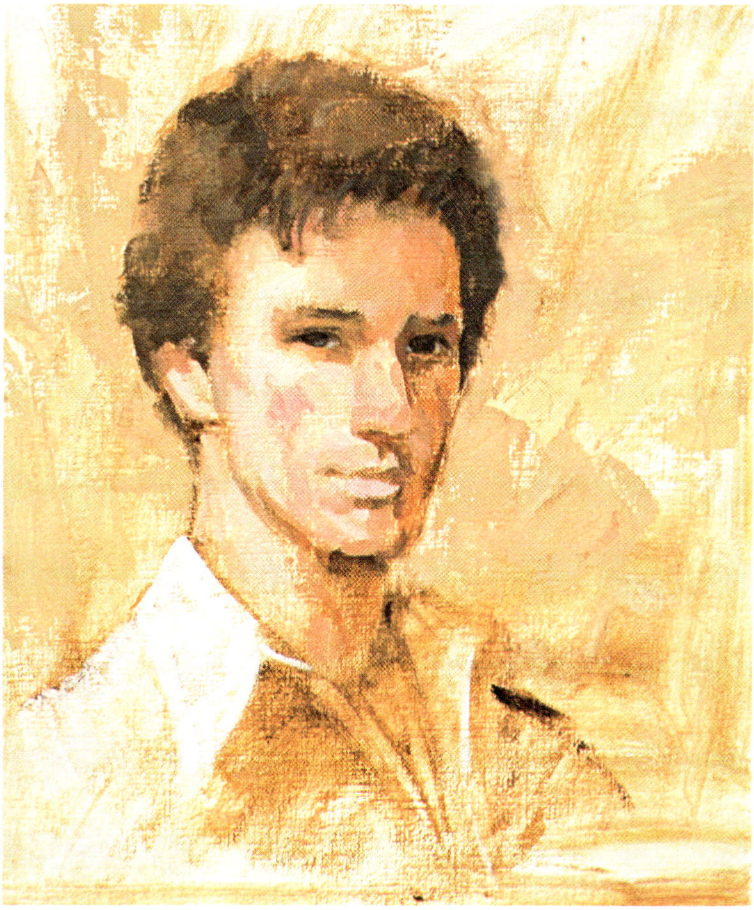

Schritt 8 Mit runden und flachen Haarpinseln arbeiten Sie die Gesichtszüge mit kleinen, präzisen Strichen stärker heraus. Auf der Schattenseite des Gesichtes wird die Augenhöhle getönt und die Nasenseite mit einer schattigen Linie neu umrissen. Dunkle Striche detaillieren die Nasenspitze, das Nasenloch, die Oberlippe und die Schattenpartie des Kiefers. Eine Spur des Zwischentons wird in die schattige Seite des Gesichtes schraffiert, die jetzt leuchtender erscheint. Dann schraffieren Sie mit dem Borstenpinsel die helleren Töne des Haares mit Umbra gebrannt, Ultramarinblau und mehr Weiß.

Schritt 9 Mit einem kleinen Borstenpinsel und dicker, satter Farbe vertiefen Sie noch einmal die Schatten. Diese Aufstriche führen Sie mit dem Grundton aus Umbra natur, Siena natur, Venezianischrot und Weiß aus. Sie können Farbabweichungen in diesen Aufstrichen erkennen, die mal heller, mal dunkler, mal wärmer und mal matter ausfallen. Diese Abweichungen erzielen Sie, indem Sie beim Mischen die Farbmengen immer etwas anders dosieren – beispielsweise dem warmen Ton auf der Stirn noch einen Extratupfer Venezianischrot hinzufügen oder zur stärkeren Betonung der dunklen Partien der Augenhöhlen einen Extratupfer Umbra natur. Durch das nochmalige Übergehen der Schattenseite werden die Konturen der Wange und des Kiefers klarer herausgearbeitet. Die Schattentöne auf Hals und Brust werden ebenfalls mit dicker, satter Farbe übermalt. Ein paar helle Farbtupfer lassen einzelne lockige Strähnen erkennen. Mit der Spitze eines Rundpinsels deuten Sie das Weiße im Auge an.

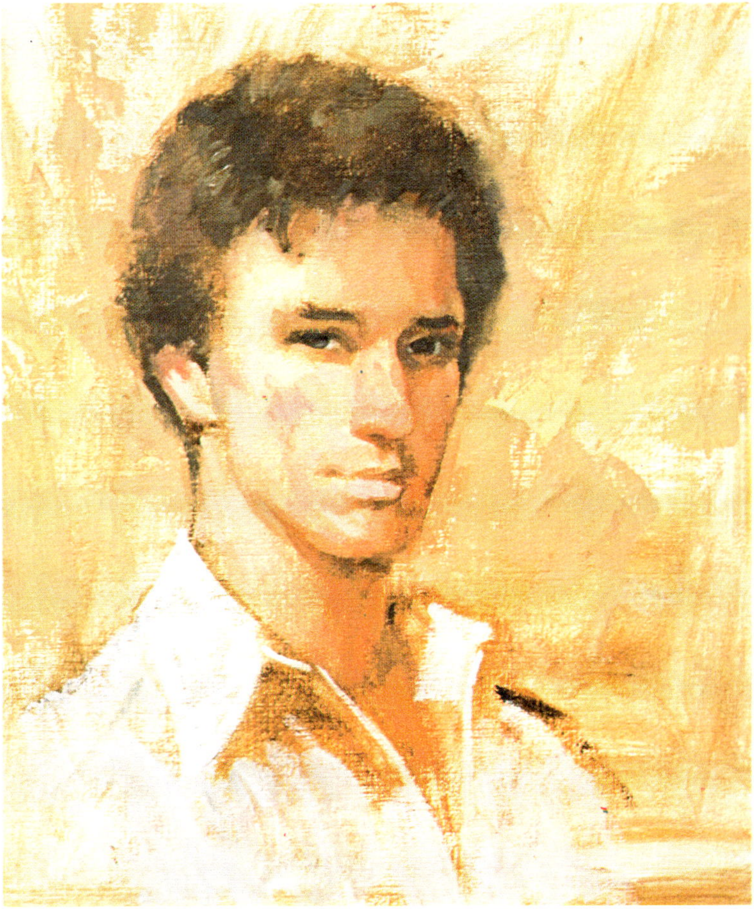

Schritt 10 Dem Hautton wird mehr Weiß hinzugefügt und dieser helle, leuchtende Ton in die belichtete Seite des Gesichtes hineingemalt. Diese Aufstriche machen die Haut leuchtender und intensivieren den Licht- und Schattenkontrast. Die hellen Töne gehen nicht weich in die benachbarten Töne über, sondern treten deutlich als einzelne Striche hervor. Sie können sie auf der Stirn über dem Auge, auf der Wange unter dem Auge, am Nasenrücken und auf dem Kinn erkennen. Mit der Spitze eines Rundpinsels arbeiten Sie die Details der Augen stärker heraus. Die kalten Schatten unter dem Kragen werden durch rasche, zügige Striche mit Kobaltblau, Umbra natur und Weiß dargestellt.

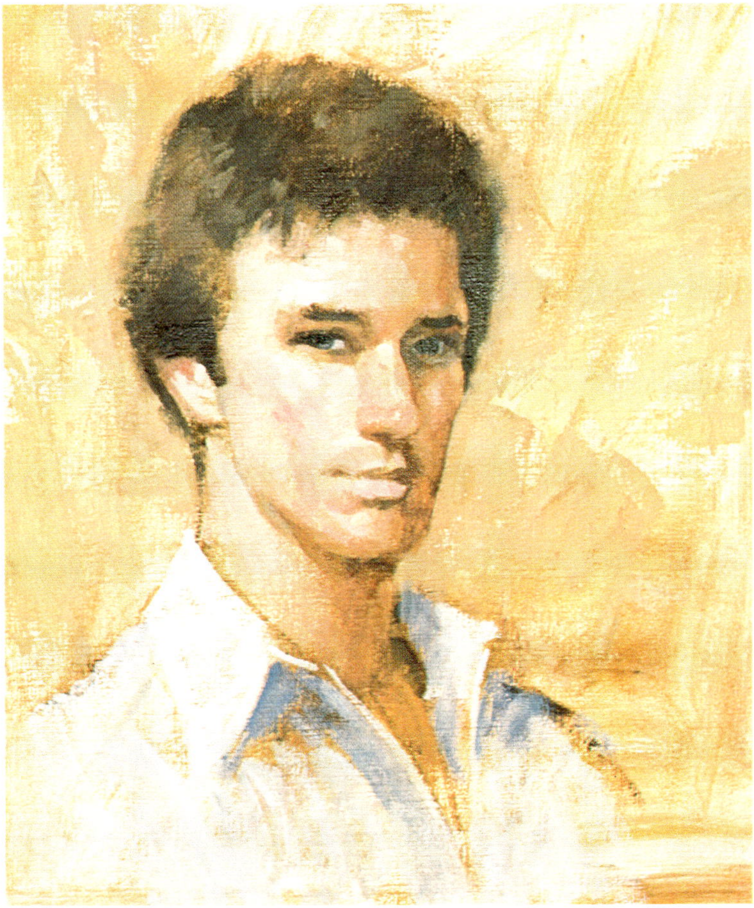

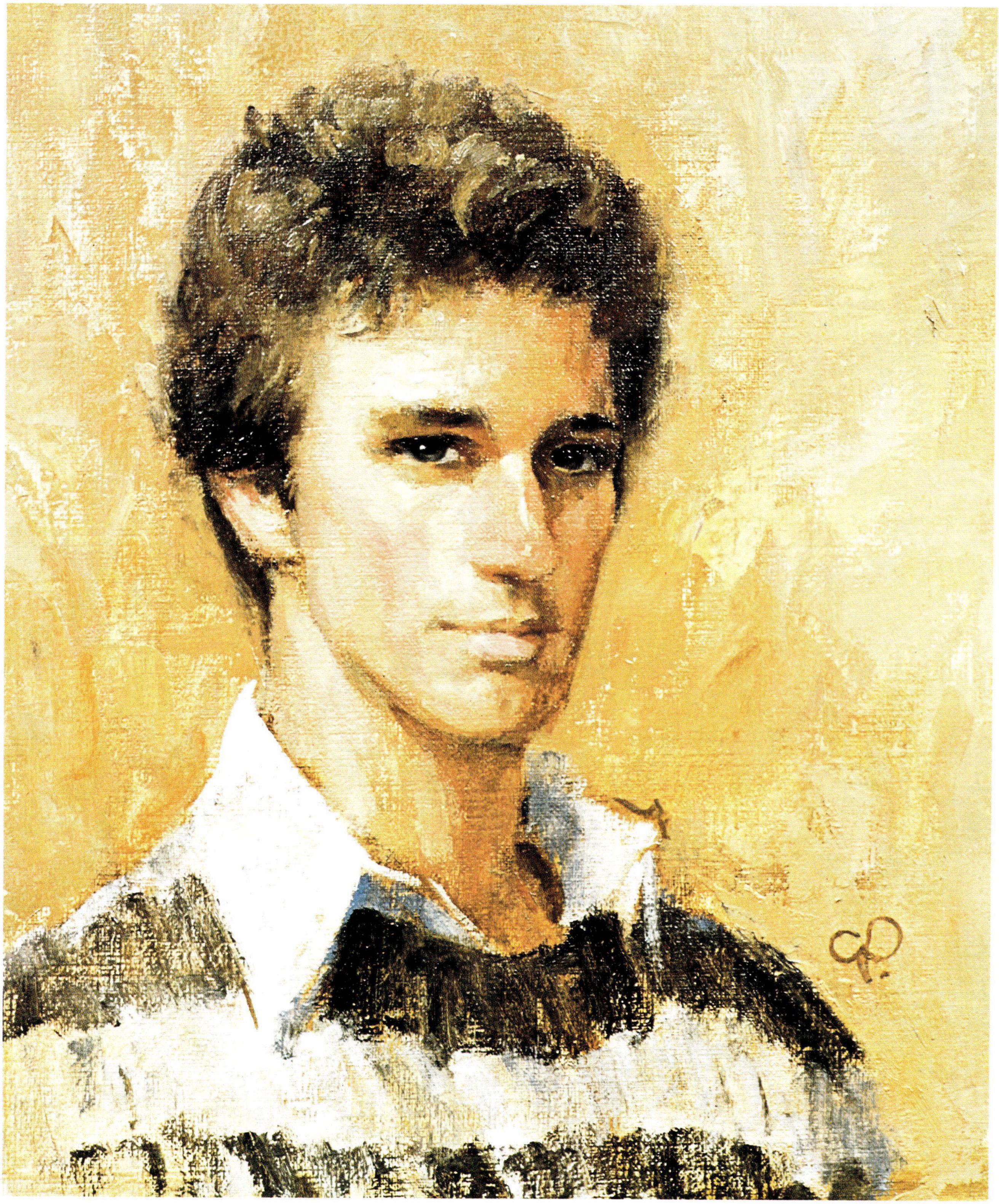

Schritt 11 Mit einem breiten Borstenpinsel wird der Hintergrund in grober Strichführung mit Umbra natur, Siena natur, Kadmiumorange und Weiß im Ton verstärkt und vervollständigt. Beachten Sie, daß der Hintergrundton am dunkelsten um das Gesicht herum ist. Mit einem Haar-Rundpinsel vervollständigen Sie das Haar mit hellen Aufstrichen aus Umbra natur, Siena natur plus Weiß und dunkleren Aufstrichen aus Umbra gebrannt, Ultramarinblau plus Weiß. Die Details der Gesichtszüge arbeiten Sie mit kleinen Marderhaarpinseln heraus. Die runden Augenhöhlen sind dunkler und präziser. Jetzt können Sie die Pupillen der Augen und winzige Glanzlichter in reinem Weiß erkennen. Die Streifen des Pullovers werden mit breiten, flüchtigen Strichen und den gleichen Mischtönen wie für das Haar angedeutet.

Schritt 1 Dieses Porträt wird durchgehend mit kalten Tönen angelegt; daher nehmen Sie mit einem Lappen eine Mischung aus Kobaltblau, Umbra natur und Terpentin auf und gehen damit über die weiße Leinwand. Die gleiche Mischung dient zum Skizzieren der Umrisse von Kopf, Haar, Hals, Schultern und Kleid. Eine senkrechte Achse teilt das Gesicht in zwei Hälften. Die Augen werden zu beiden Seiten dieser Linie sorgfältig angeordnet, die Nase und der Mund dagegen auf der Linie.

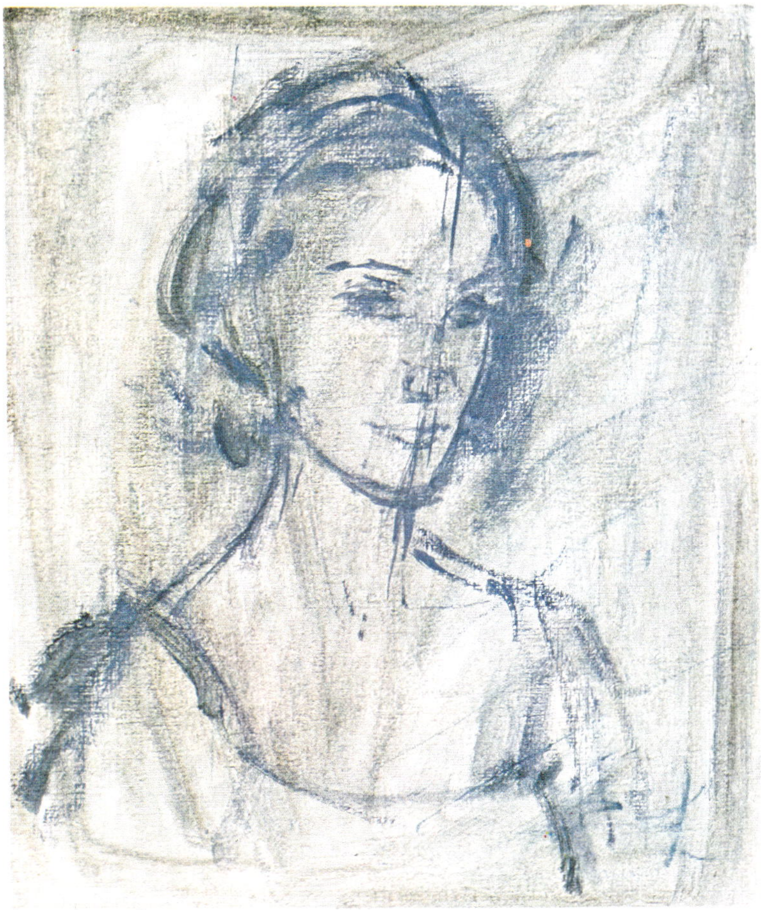

Schritt 2 Der dunkle Hintergrund wird in rascher, großzügiger Strichführung mit Kobaltblau, Umbra natur plus Weiß übergangen. Jetzt ist die Farbe dick und sahnig und wird anstelle von Terpentin mit Malmittel verdünnt. Der dunkle, warme Haarton wird mit wenigen Strichen und einer Mischung aus Umbra natur, Kobaltblau und wenig Weiß angedeutet. Fügen Sie dem Hintergrundton etwas Weiß hinzu und deuten Sie mit ein paar Schraffurstrichen das Kleid an.

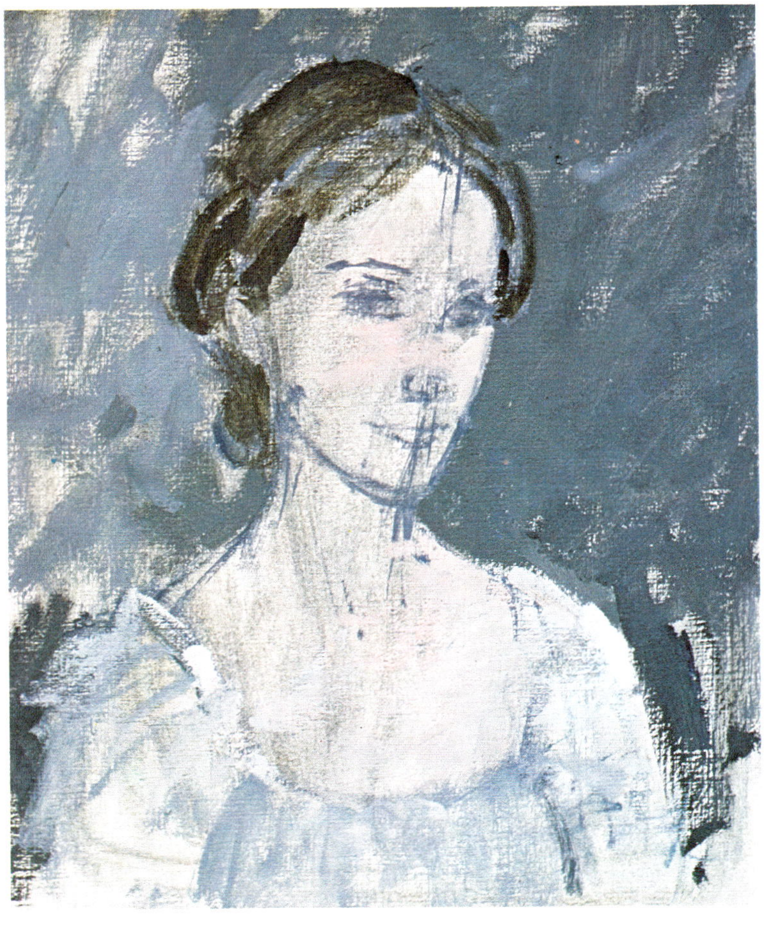

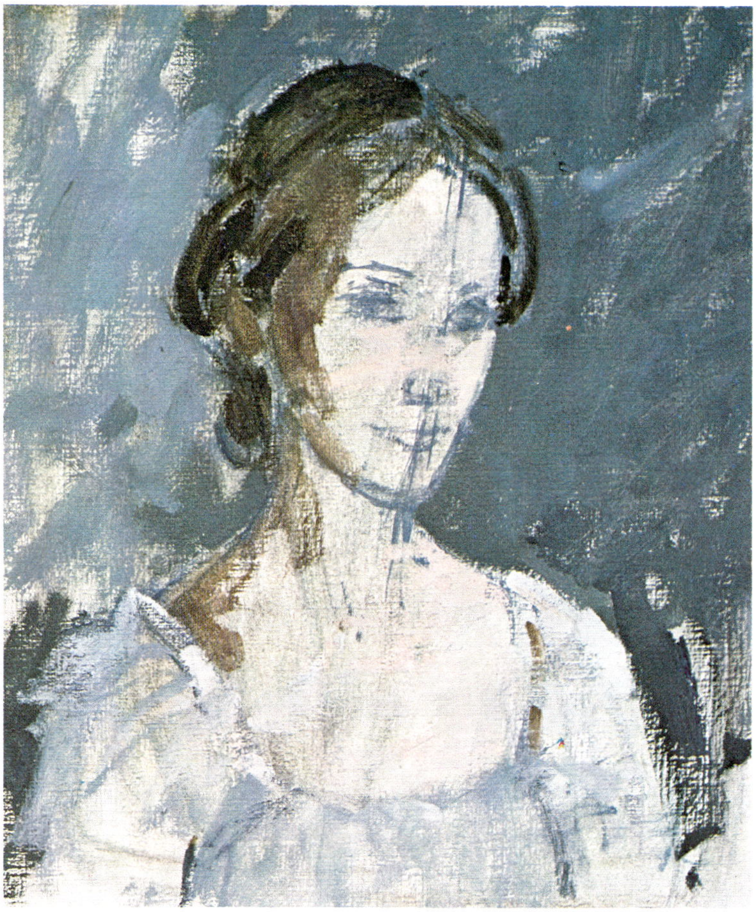

Schritt 3 Die schattigen Kopf-, Hals- und Schulterpartien werden flächig mit einem breiten Borstenpinsel aufgetragen. Den Schattenton ermischen Sie aus Umbra natur, Kobaltblau, einer Spur Kadmiumrot plus Weiß. Beachten Sie, wie diese Aufstriche teilweise über das Haar gelegt werden. Dann tragen Sie die ersten Spuren des blassen Hauttons über das Gesicht und Dekolleté auf - eine zarte Mischung aus Umbra natur, Kadmiumrot, Kobaltblau und viel Weiß. Jetzt ist das Porträt klar in Licht- und Schattenpartien unterteilt.

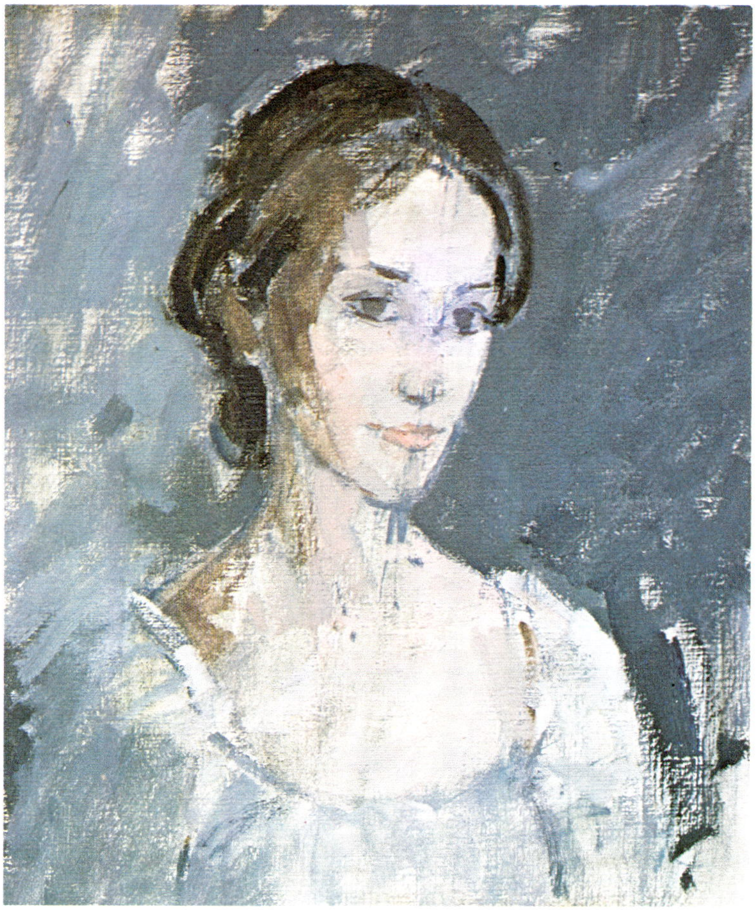

Schritt 4 Die belichteten Gesichtspartien werden dick mit dem hellen Mischton, der in Schritt 3 eingeführt wurde, übergangen. Die hellen Töne auf Stirn, Wangen, Schulter und Dekolleté sind jetzt klar umrissen. Weiche Mitteltöne verbinden die Lichter mit den Schatten. Diese Mitteltöne ermischen Sie aus den gleichen Farben wie die Lichter - Umbra natur, Kadmiumrot, Kobaltblau und Weiß -, aber sie enthalten weniger Weiß und Kadmiumrot. Diese zarten Mitteltöne sind nur ein wenig dunkler als die Lichter. Sie können das deutlich auf Stirn, Wange, Kinn und Hals erkennen. Mit einem kleinen Haarpinsel malen Sie weitere Aufstriche mit Kobaltblau in den Schattenton hinein und fügen den Augenbrauen, den Augen und der Unterseite der Nase Dunkelheiten hinzu. Mengen Sie dem Hautton noch einen Extratupfer Kadmiumrot bei und deuten Sie damit die Wärme der Lippen an. Ein Hauch Weiß wird dem dunklen Hintergrundton beigemischt und die Schattenpartie des Kleides in großzügiger Strichführung mit einem Borstenpinsel gemalt.

Schritt 5 Mit einem Haar-Flachpinsel, den Sie zart hin- und herbewegen, schaffen Sie zwischen den Lichtern, Zwischentönen und Schatten weiche Tonübergänge. Durch das Malen der hellen Töne in die Dunkelheiten hinein wird der schattige Gesichtsteil weicher und blasser. Die belichteten Partien des Gesichtes und des Dekolletés werden mit dicker Farbe im vorherrschenden Hautton betont; die Aufstriche werden glatt aufgetragen. Die Form des Haares arbeiten Sie mit kräftigeren Aufstrichen und einem Mischton aus Umbra natur, Lichter Ocker, wenig Kobaltblau plus Weiß heraus. Mit einem Haar-Rundpinsel nehmen Sie etwas vom Haarton auf und ziehen damit die Augenbrauen und -lider nach. Die runde Form der Iris wird behutsam neu umrissen, ebenso die Form des Nasenlochs und die dunkle Linie, die die Lippen teilt.

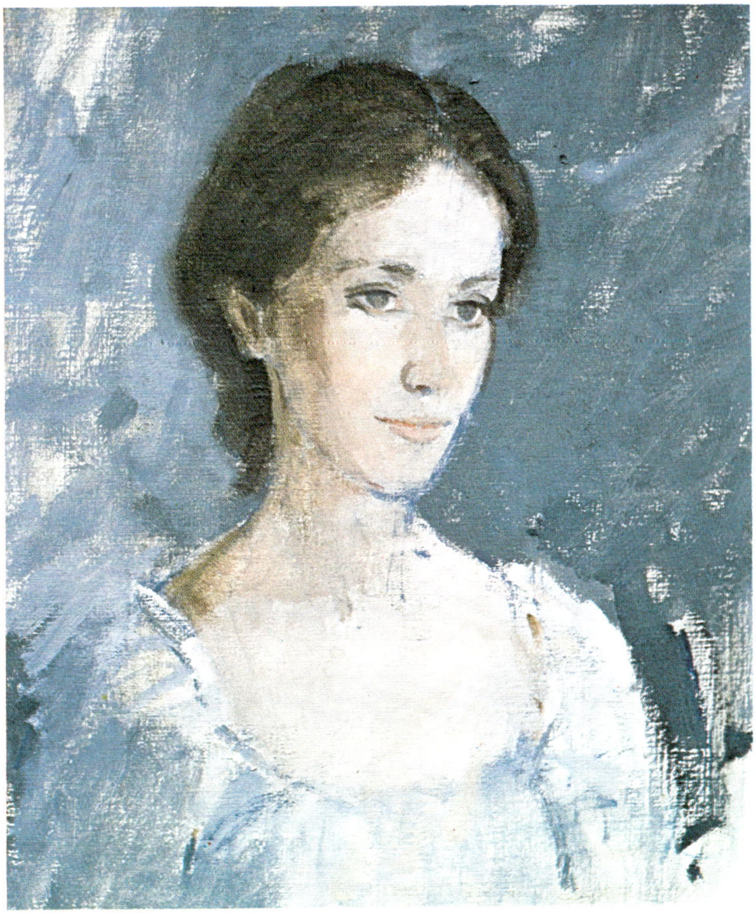

Schritt 6 Mit Haar-Flachpinseln verbinden Sie noch einmal die Lichter, Halbtöne und Schatten. Jetzt gehen die dunkleren Töne des Halses und der Schultern weich in die helleren Töne des Dekolletés über. Es entstehen ebenfalls weichere Tonübergänge von Hell nach Dunkel auf Stirn und Kiefer. Die Konturen der Augen werden dunkler nachgezogen und dunkle Pupillen eingemalt. Ein einziger heller Strich umreißt die erhellte Vorderpartie der Nase, und ein Glanzlicht wird der Nasenspitze hinzugefügt. Das Nasenloch und die Nasenseite stellen Sie präziser dar. Die Oberlippe tönen Sie dunkler ein; die Schatten unter der Unterlippe und dem Kinn werden präzisiert.

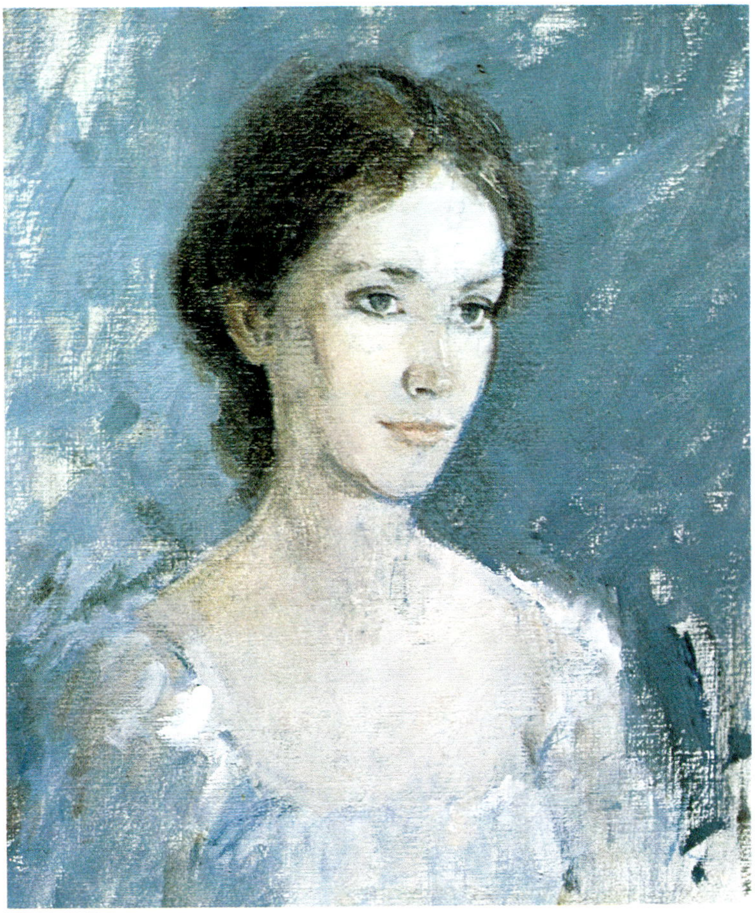

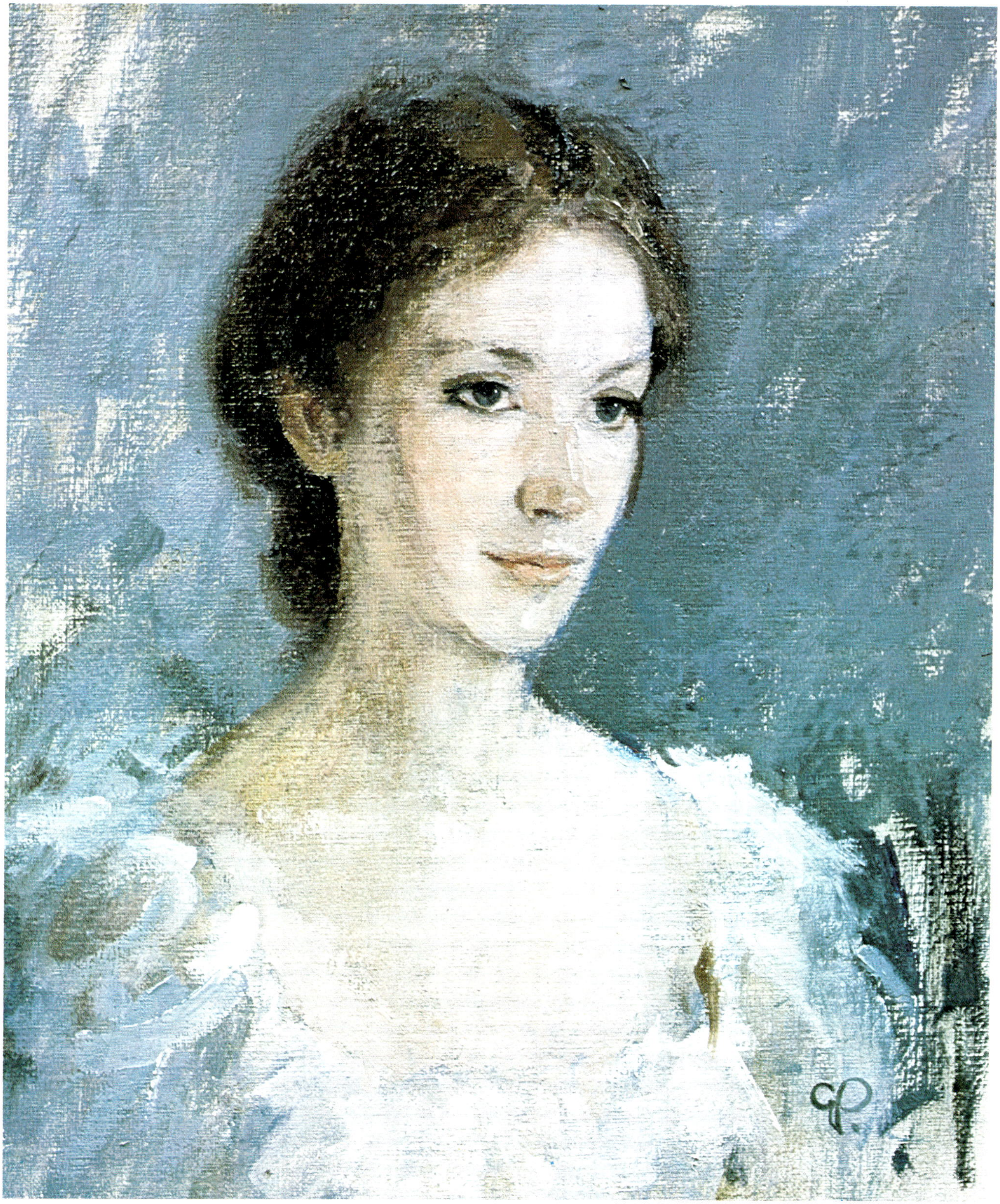

Schritt 7 Die Lichtpartien des Haares werden mit einer etwas stärkeren Weißausmischung des Grundtons aufgehellt und der Hintergrund dunkler eingetönt, damit sich die erhellte Seite des Gesichtes stärker abhebt. Durch dicke Aufträge mit den blassesten Hauttönen gewinnen Gesicht, Hals und Dekolleté an Leuchtkraft. Mischen Sie diesem Ton mehr Weiß für die Glanzlichter bei, die auf Stirn, Nase, Lippen und Kinn erscheinen. Der Mundspalt wird dunkel nachgezogen. Mitteltöne werden flüchtigleicht in die Schattenseite des Gesichtes schraffiert, die jetzt zarter und transparenter erscheint. Die erhellten Partien des Kleides werden in grober Strichführung mit Weiß, angetönt mit dem Hintergrundton, vervollständigt.

Schritt 1 Färben Sie die Leinwand mit einem Lappen ein, den Sie in terpentinverdünnte Umbra natur getaucht haben. Mit einem sauberen Zipfel des Lappens wischen Sie die belichtete Partie des Gesichtes, des Halses, der Schultern und des Dekolletés heraus. Dann wird die Vorzeichnungsskizze mit Umbra natur ausgeführt. Aufschlußreich ist ein Vergleich dieser Skizze mit der Vorzeichnung von Bild 4. Weil die Malerei der brünetten Frau nur einen geringen Licht- und Schattenkontrast zeigt, umreißt die Vorzeichnung ausschließlich die Formen. In dieser Malerei besteht eine klare Grenze zwischen Licht- und Schattenpartien, die sorgfältig in der Skizze wiedergegeben werden.

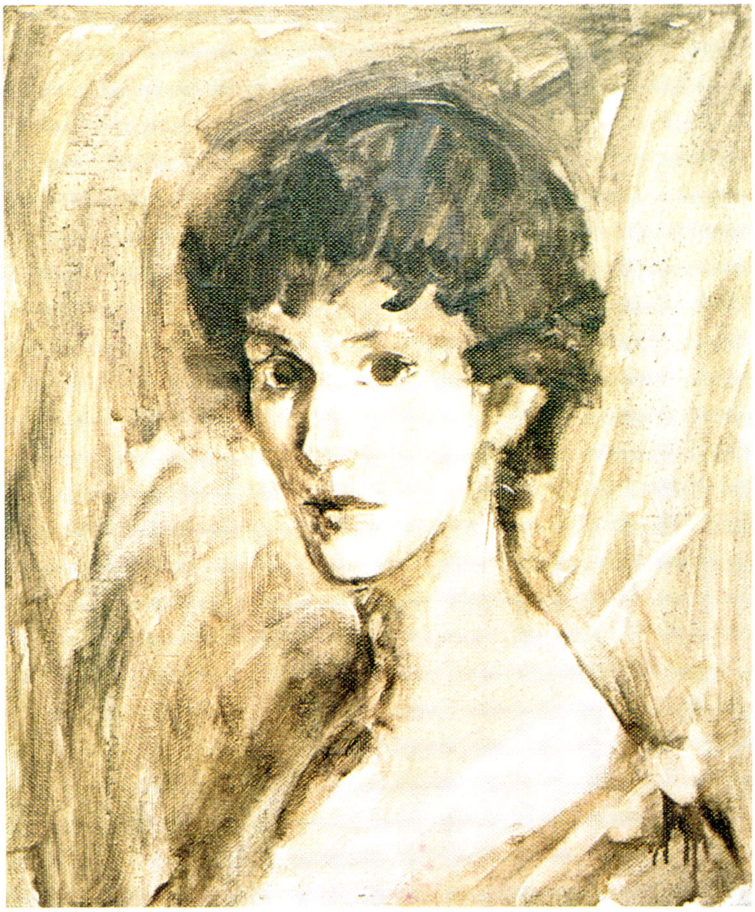

Schritt 2 Der Hintergrund wird in großzügiger Strichführung mit Chromoxydgrün feurig, Ultramarinblau, Umbra gebrannt und Weiß angelegt. Dieser Ton wird vollständig an den Kopf herangeführt und legt den starken Kontrast zwischen dem dunklen Hintergrund und der hell erleuchteten Haut fest. Mit einem kleinen Borstenpinsel fügen Sie die Schatten mit einem Mischton aus Umbra natur, Umbra gebrannt, Kadmiumrot plus Weiß hinzu. Zwei Variationen des gleichen Mischtons dienen zur Anlage des Haares in kurzer, kubisch-flächiger Strichführung: die dunklen Aufstriche enthalten mehr Umbra gebrannt und die hellen mehr Kadmiumrot. Die dunklen Augen malen Sie mit dem dunklen Ton des Haares. Die Farbe des Kleides wird rasch in breiter Strichführung mit Kobaltblau, Alizarinkrapplack plus Weiß schraffiert.

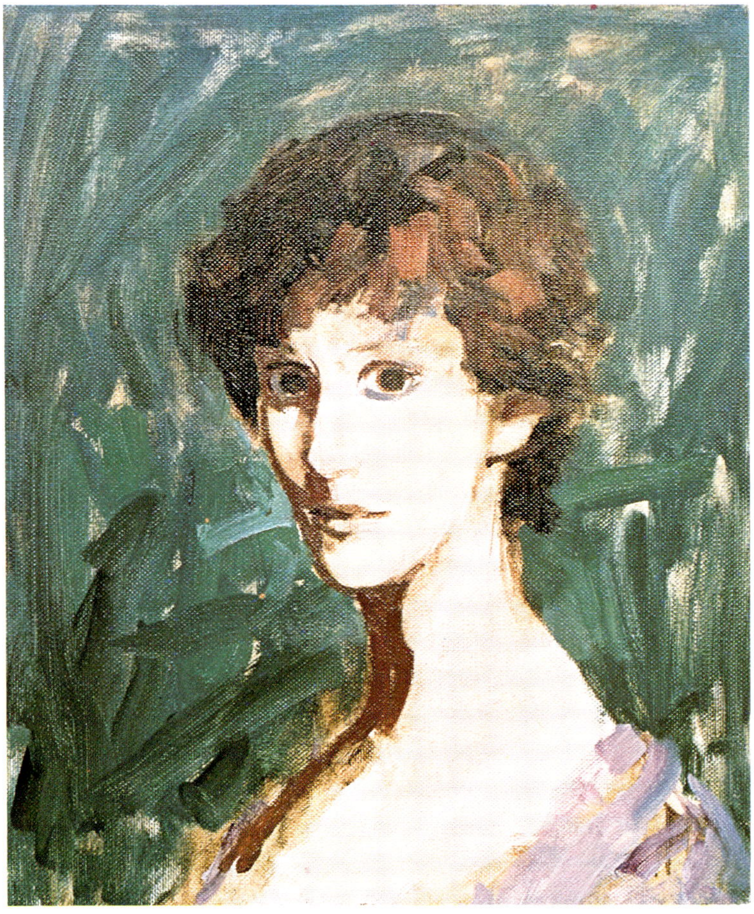

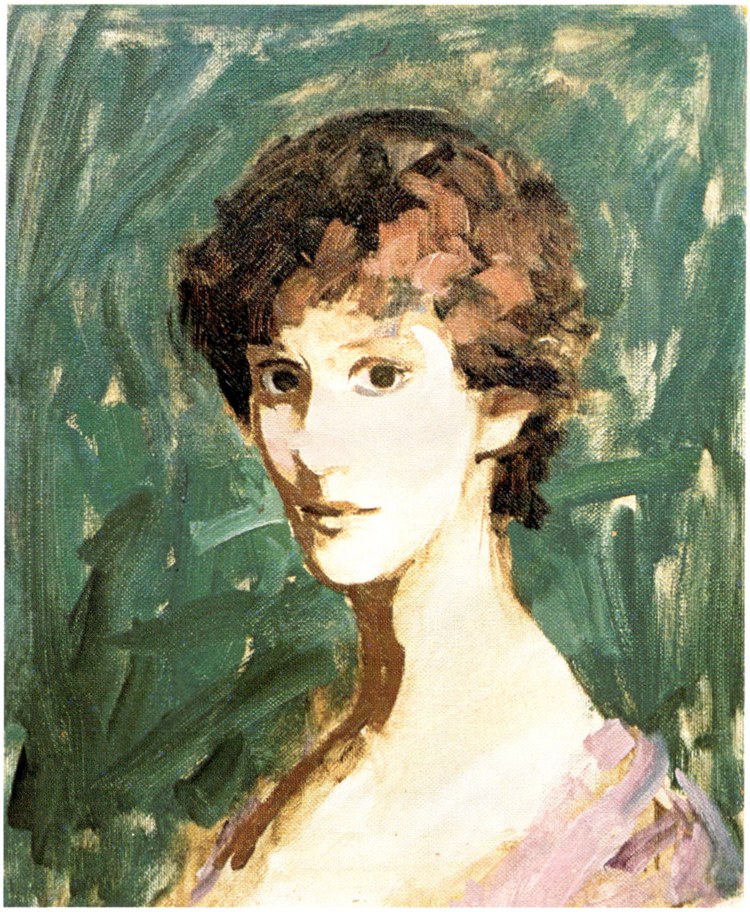

Schritt 3 Die belichteten Hauttöne werden mit einer sahnigen Mischung aus Umbra natur, Umbra gebrannt, Kadmiumrot plus Weiß aufgetragen - dem Mischton des Haares, der aber mit sehr viel mehr Weiß angesetzt und mit Malmittel verdünnt wurde, damit sich die Farbe glatt verstreichen läßt. Die über die Mitte des Gesichtes gelegten Aufstriche enthalten ein wenig mehr Kadmiumrot, um die Farbintensität der Wangen und der Nase zu steigern. Beachten Sie, daß die in Zwischentönen angelegten Gesichtspartien - die Stirn und der Unterkiefer - nicht übermalt werden.

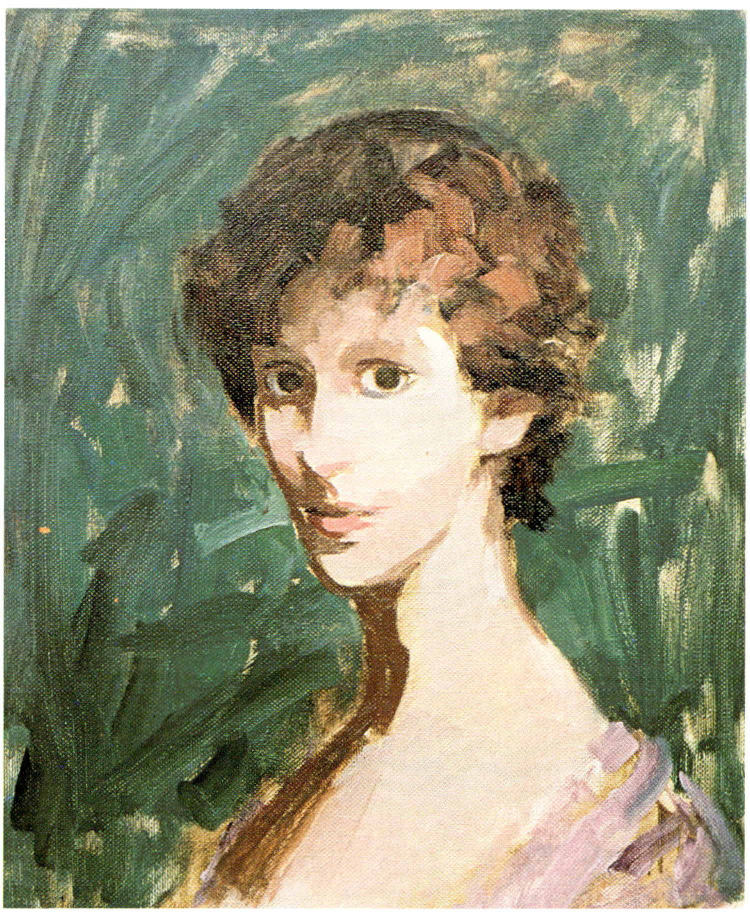

Schritt 4 Eine etwas dunklere Version des Hauttons - mit weniger Weißbeigaben - wird über die Stirn, die Unterseite der Nase, die untere Partie der Wangen und den Unterkiefer aufgetragen. Diese zarten Zwischentöne verbinden die Lichter mit den Schatten. Eine etwas stärkere Weißausmischung dieses Tons wird über den Hals und das Dekolleté aufgetragen. Die Augenhöhle auf der belichteten Seite des Gesichtes wird vertieft. Den gleichen Ton verstreichen Sie hinten am Hals, wo die Form in den Schatten übergeht. Mengen Sie dem Zwischenton mehr Kadmiumrot für die Lippen bei. Wie gewöhnlich ist die Oberlippe dunkler, weil sie im Schatten ist.

Schritt 5 Mit einem Haar-Flachpinsel lassen Sie die Lichter, Halbtöne und Schatten des Gesichtes ineinander übergehen. Jetzt nimmt der Kopf eine weiche, runde Form an. Beachten Sie die verschwimmenden Verläufe der Aufstrichränder des Haares, die unmerklich in den dunklen Hintergrund übergehen. Streichen Sie mit dem Haarpinsel über den Hals und das Dekolleté, um weiche Tonübergänge von Hell nach Dunkel zu erzielen. Vergleichen Sie die matten Farbflecken von Schritt 4 mit den weichen, ineinander übergehenden Tönen von Schritt 5. Mit einem Haar-Rundpinsel streichen Sie behutsam um die Augen herum, um die Lider zu vertiefen, und fügen Sie dann das Weiße im Auge in reinem Weiß, schwach getönt mit dem hellen Hautton, hinzu. Das dunkle Haar wird hinten am Hals verlängert und weich in den Hautton übergehend gemalt.

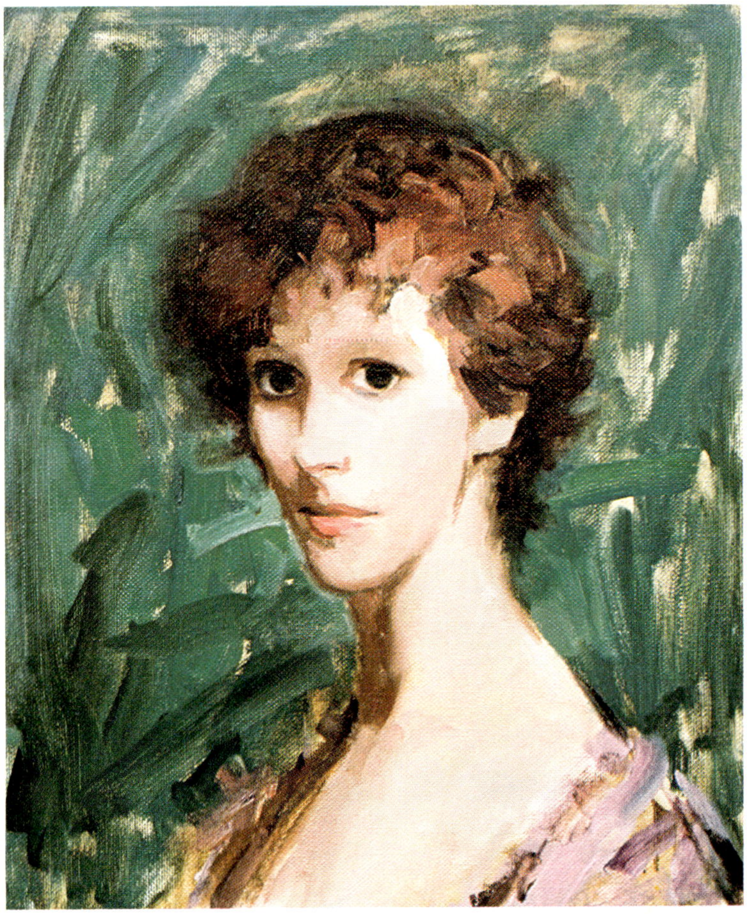

Schritt 6 Mit der Spitze eines Haar-Rundpinsels umreißen Sie noch einmal die Augen mit der gleichen Mischung wie für die dunklen Partien des Haares. Zarte Linien werden zur Wiedergabe der schattigen Lider gezogen und die Augenbrauen angedeutet. Eine Mischung aus Ultramarinblau, Chromoxydgrün feurig, Umbra gebrannt plus wenig Weiß wird über jede Iris gemalt. Mit dem kleinen Pinsel ziehen Sie auch die Formen der Lippen nach und setzen etwas vom Lippenton auf die Wange. Der Schatten an der Nasenseite wird nach unten gehend bis zum Schatten unter der Unterlippe vertieft. Eine stärkere Weißausmischung des hellen Hauttons tragen Sie über die belichteten Gesichtspartien mit dicken, sahnigen Strichen auf.

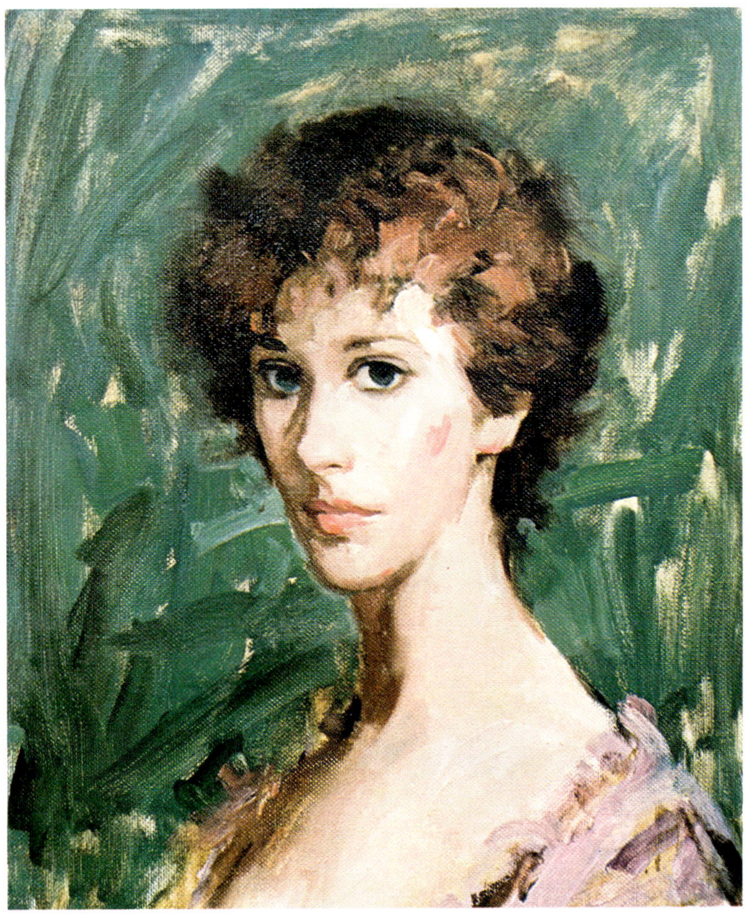

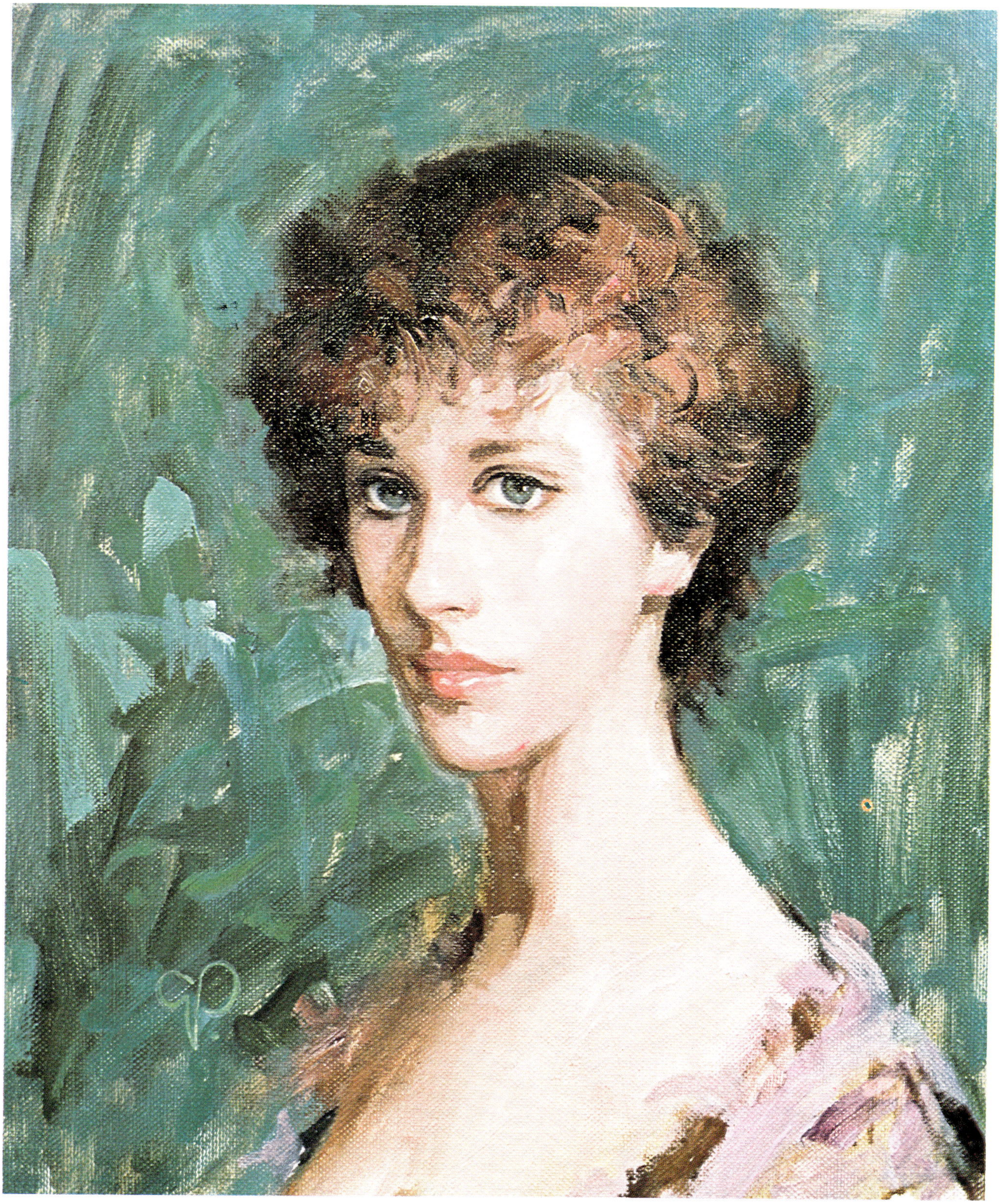

Schritt 7 Mischen Sie dem Hintergrundton mehr Weiß bei, den Sie mit einem breiten Borstenpinsel über den Hintergrund verstreichen, um die wirren Aufträge weicher zu gestalten. Mit der Spitze eines Rundpinsels werden einzelne Locken des Haares in kurzer, gebogener Strichführung angedeutet. Tragen Sie bei den Augen die Pupillen mit Umbra gebrannt und Ultramarinblau nach und fügen Sie anschließend einen winzigen Tupfer in reinem Weiß für die Glanzlichter hinzu. Mit einem Haar-Flachpinsel malen Sie die erhellten Partien des Gesichtes, des Halses und des Dekolletés in die benachbarten Töne hinein, um die dicken Aufstriche von Schritt 6 weicher zu gestalten. Setzen Sie mit der Spitze eines Rundpinsels Glanzlichter auf Nase, Wange, Lippen und Kinn.

Schritt 1 Die Färbung der Leinwand erfolgt mit einer Mischung aus Umbra gebrannt und Kadmiumrot, die Sie mit Terpentin zu einer aquarellartigen Konsistenz verdünnt haben. Die Form des Gesichtes umreißen Sie mit der Spitze eines Haar-Rundpinsels und deuten dann die Gesichtszüge an. Das geschieht mit Umbra gebrannt und Ultramarinblau. Einen kleinen Borstenpinsel füllen Sie mit der gleichen Mischung und malen das Haar in freier Strichführung; dann fügen Sie hier und dort auf Stirn, Wange, Nase, Oberlippe und Kinn Schatten hinzu. Mit dem Borstenpinsel und dem Hintergrundton stellen Sie die Schultern und den Kragen mit ein paar breiten Strichen dar.

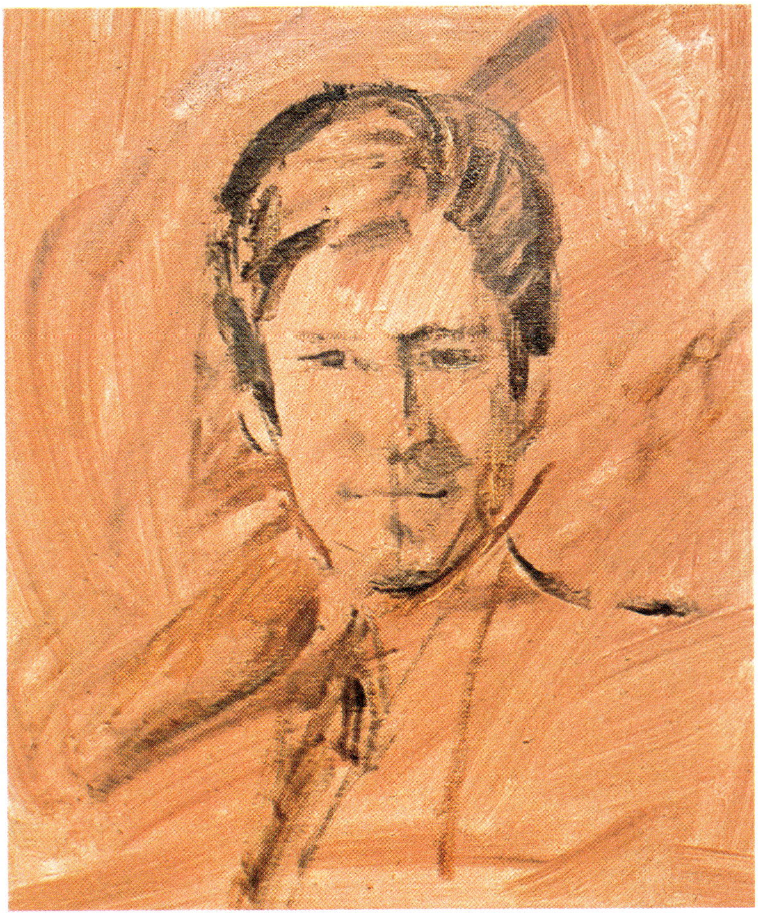

Schritt 2 Mit einem Borstenpinsel und einer dickeren, sahnigeren Mischung aus Umbra natur, wenig Siena natur und Weiß, die Sie mit Malmittel verdünnt haben, legen Sie die Schatten an. Jetzt können Sie satte Schattentöne auf Stirn, Wange, Kiefer, Augenhöhle, Nase, Lippen und Ohr erkennen. Auch die Schattenpartien des Haares werden mit Umbra gebrannt und Ultramarinblau gemalt, einer Kombination, die einen schönen dunklen Ton ergibt, der farbiger ist als Schwarz. Der Kopf wird stark von links beleuchtet; dies begründet den Schlagschatten der Nase. Eine dickere Version des Hintergrundtons - Umbra gebrannt, Kadmiumrot und Weiß - wird um den Kopf herum schraffiert. Das sollte schon in den ersten Arbeitsgängen geschehen, damit Sie die Farben des Kopfes mit dem Hintergrundton abstimmen können.

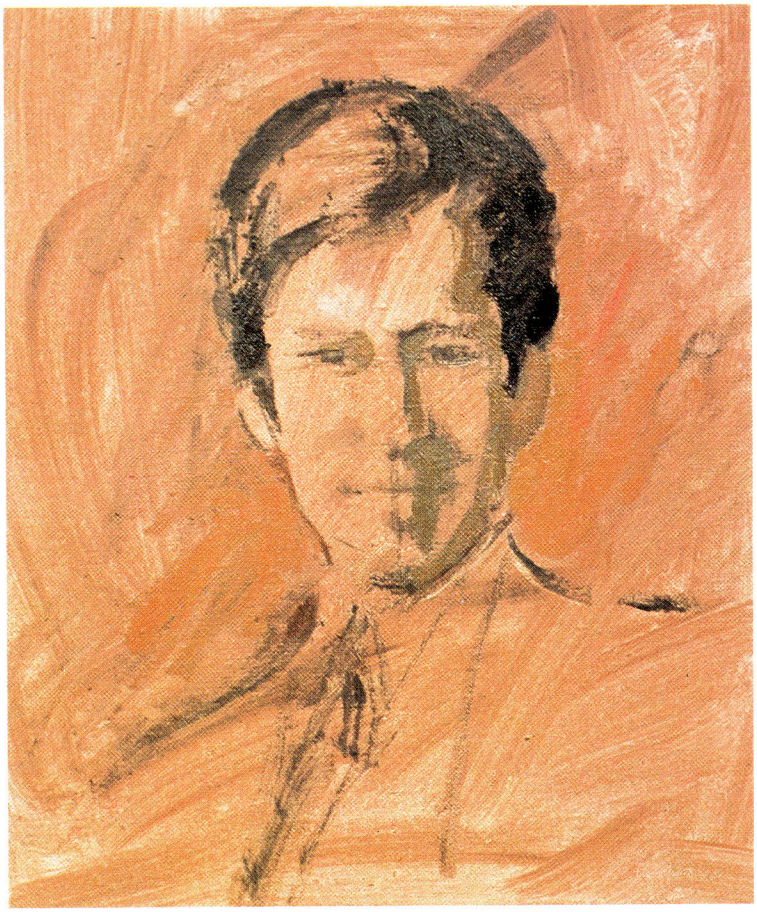

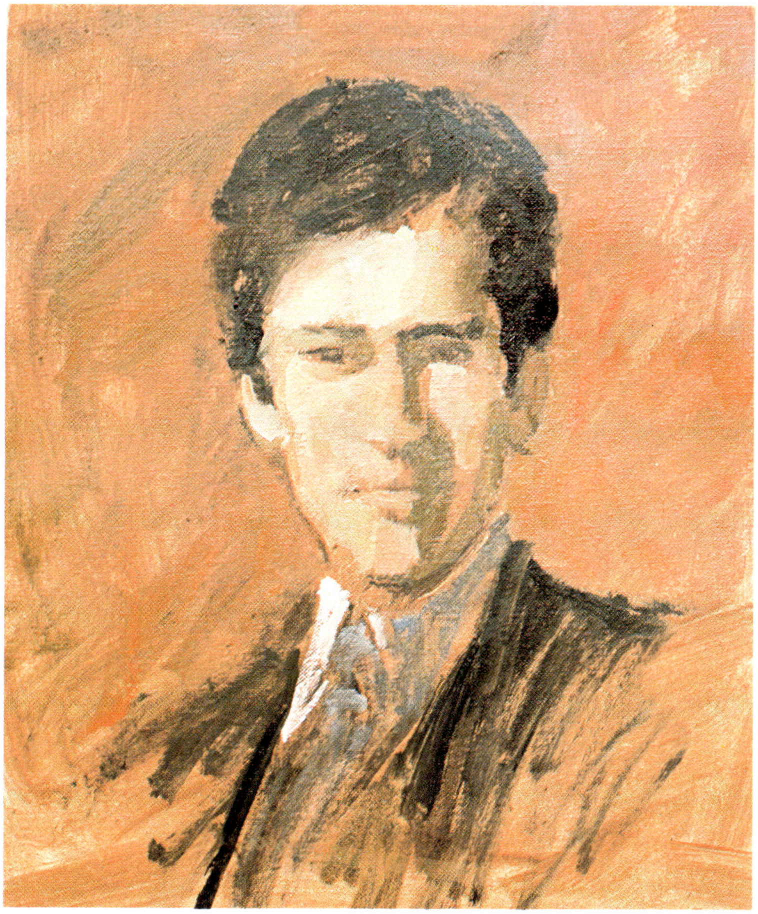

Schritt 3 Die Lichter tragen Sie mit einem Borstenpinsel und einer dicken, sahnigen Mischung aus Umbra natur, Siena natur, Venezianischrot plus viel Weiß auf. Die Mitteltöne werden zwischen die Lichter und die Dunkelheiten gesetzt; dabei arbeiten Sie mit dem gleichen Mischton, der weniger Weiß und mehr Umbra natur enthält. Sie können diese Halbtöne ganz deutlich an der Stirn direkt neben dem Schatten erkennen, in der Augenhöhle auf der belichteten Seite des Gesichtes, auf dem Nasenrücken, unterhalb der Wange auf der belichteten Seite des Gesichtes und am Kinn. Die dunkle Partie des Haares wird jetzt vollständig in grober Strichführung mit Umbra gebrannt und Ultramarinblau übergangen. Der gleiche Farbton deutet das Jacket an. Ein paar Striche mit Weiß, schwach getönt mit Umbra natur, deuten die Lichtpartien des Kragens an, während die Schattenpartien mit Kobaltblau, Umbra natur und Weiß gemalt werden. Der Hauptton des Hintergrunds wird unter Beifügung von mehr Weiß mit einem breiten Borstenpinsel fast über den gesamten Hintergrund verstrichen.

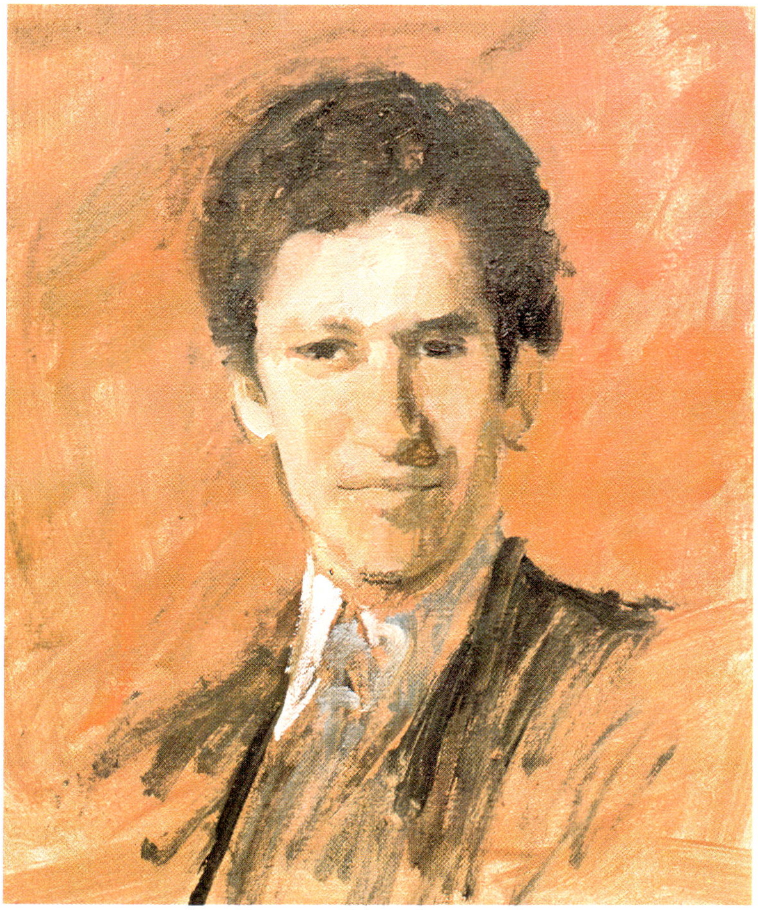

Schritt 4 Beginnen Sie, mit einem Borstenpinsel die Lichter, Zwischentöne und Schatten ineinander übergehend zu malen. Die Schatten um Augen, Nase und Mund herum werden mit Aufstrichen aus Umbra natur, Siena natur, Venezianischrot plus Weiß betont. Die Mitteltöne auf Nase, Wange und Kinn werden ebenfalls mit dieser Mischung, die mehr Weiß und weniger Umbra natur enthält, im Ton verstärkt. Mit einem kleinen Haarpinsel betonen Sie die schattigen Linien um die Augen herum, tragen bei den Augen die dunkle Iris nach und vertiefen die Dunkelheiten der Augenbrauen. Der schattige Ton der Oberlippe wird noch einmal nachgezogen und ein dunkler Mundspalt eingemalt. Auch der Hintergrund wird herausgearbeitet, der mit einem wärmeren, tieferen Mischton aus Umbra gebrannt, Kadmiumrot und Weiß im Ton verstärkt wird.

Schritt 5 Mit einem kleinen Borstenpinsel und einer sahnigen Mischung aus Umbra natur, Siena natur, Venezianischrot und Weiß intensivieren Sie die Schatten. Dieser Ton wird mit geraden, einfachen Strichen an der Schattenseite des Gesichtes entlang aufgetragen, von der Augenhöhle nach unten gehend zur Nase, zum Schlagschatten der Nase auf der Oberlippe, zur Ober- und Unterlippe und schließlich zum Kiefer und zum Kinn. Eine etwas hellere Version dieses Tons vertieft die Augenhöhle auf der belichteten Seite des Gesichtes und tönt die Schatten auf dem Unterlid dunkler ein. Dick aufgetragene Lichter fügen Sie den belichteten Partien der Stirn und der Wangen hinzu. Bei einem Vergleich dieses Arbeitsgangs mit Schritt 4 werden Sie feststellen, daß die Formen der Schatten jetzt einheitlicher und präziser sind. Sie können ebenfalls die ersten Spuren Licht auf dem Haar erkennen.

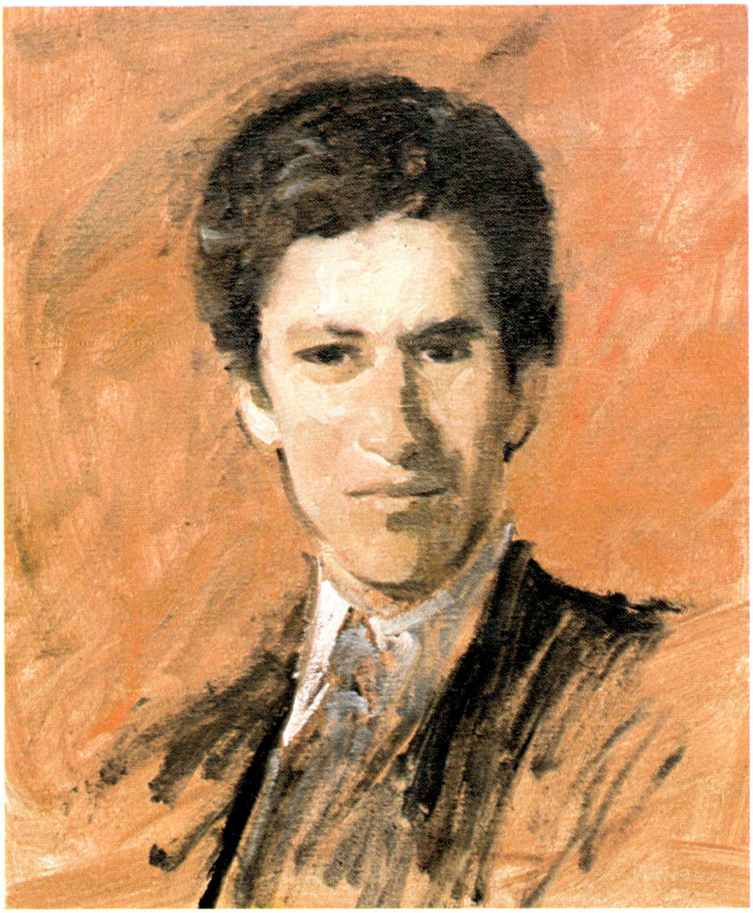

Schritt 6 Mit kleinen Pinseln werden die Lichter auf dem Gesicht angelegt, indem Sie dicke, sahnige Aufstriche auf Stirn, Wangen, Nase, Lippen und Kinn hinzufügen. Sie arbeiten dabei noch immer mit dem vorherrschenden Hautton aus Umbra natur, Siena natur, Venezianischrot und Weiß, den Sie jetzt allerdings überwiegend mit Weiß ansetzen. Dem Haarton mengen Sie mehr Weiß bei und malen ihn in die belichtete Seite des Haares übergehend ein. Mit einem kleinen Pinsel verstärken Sie die Lippenwinkel und betonen die Dunkelheiten an den Augenwinkeln. Dann ziehen Sie mit der Spitze eines Haar-Rundpinsels die dunklen Linien der Augenlider präziser nach, fügen dunkle Pupillen (mit dem Haarton) hinzu und schließlich das Weiße im Auge und die Glanzlichter auf den Pupillen in reinem Weiß, angetönt mit einer winzigen Spur des Hauttons.

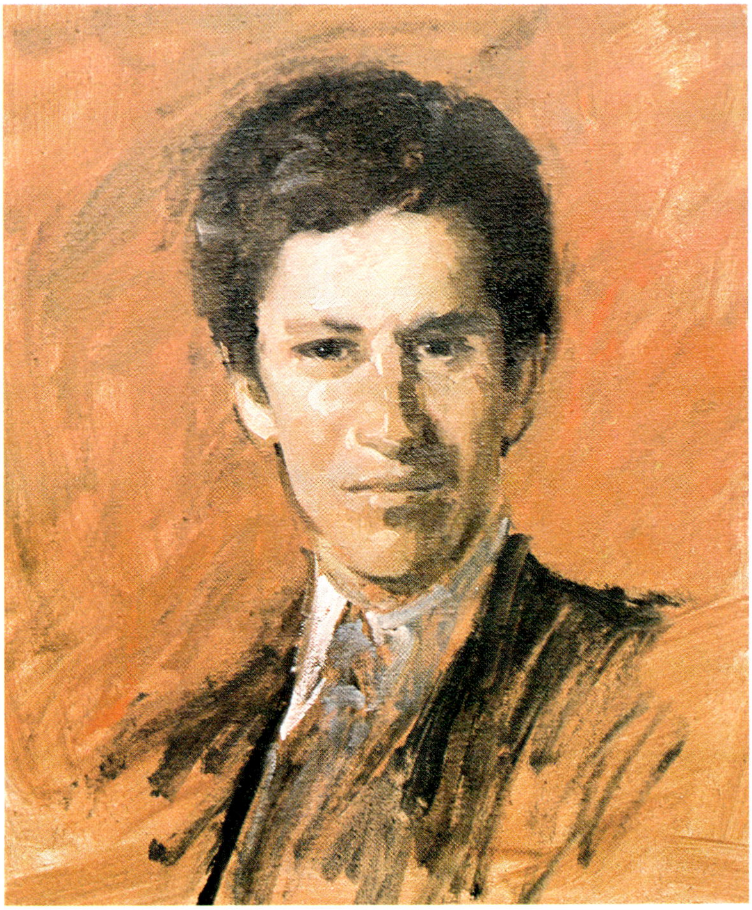

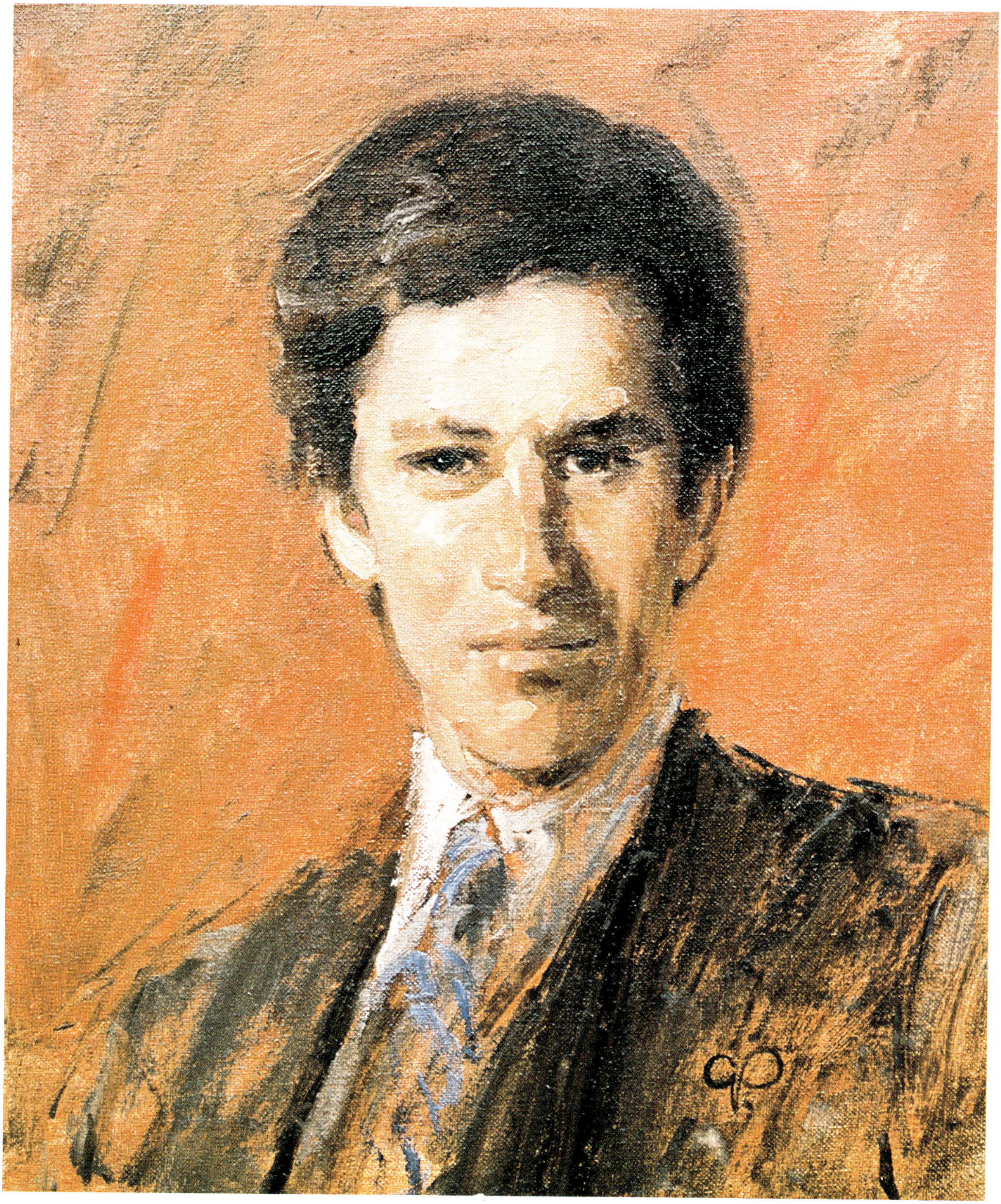

Schritt 7 Mit kleinen Pinseln gehen Sie über das Gesicht und fügen letzte Details mit heller und dunkler Farbe hinzu, die das Porträt ausdrucksvoller und lebendiger machen. Dunkle Farbtupfer werden den Augenbrauen, den Augenwinkeln, den Nasenlöchern und dem Mundwinkel hinzugefügt. Für diese Dunkelheiten nehmen Sie den gleichen Mischton wie für die Haare und mischen nur ein wenig Venezianischrot bei. Extratupfer im Schattenton werden sorgfältig zwischen den Lippen plaziert, unter der Unterlippe und unter dem Kinn. Dicke, sahnige, helle Farbe wird dick oberhalb der Augen verstrichen und zart um die Lippen herumgeführt. Weitere helle Aufstriche werden in das Haar hineingemalt, während die Haarmischung zur Vervollständigung der Jacke dient. Spuren von Kobaltblau, Umbra natur plus Weiß deuten die Krawatte an.

Schritt 1 Mit einem Lappen und einer Mischung aus Ultramarinblau, Umbra gebrannt plus Weiß, stark mit Terpentin verdünnt, färben Sie die Leinwand ein. Eine dunklere Version dieses Mischtons, die weniger Terpentin und kein Weiß enthält, dient zum Anfertigen der Vorzeichnungsskizze. Zunächst skizzieren Sie den Gesichtsumriß und deuten dann die lose hängenden Locken mit raschen Schraffurstrichen an. Die besonders ausdrucksvollen Augen des Modells werden mit größerer Sorgfalt gezeichnet, als es in einer Vorzeichnung im allgemeinen üblich ist. Ein paar Striche umreißen die Nase und den Mund. Beginnen Sie, die Schatten auf Gesicht und Hals mit sehr hellen Tönen - die Sie stark mit Terpentin verdünnt haben - anzudeuten. Die Lichtpartien des Gesichtes werden mit einem um die Fingerspitze gewickelten Lappen herausgewischt. Ein paar Striche umreißen die Schultern und die Halslinie.

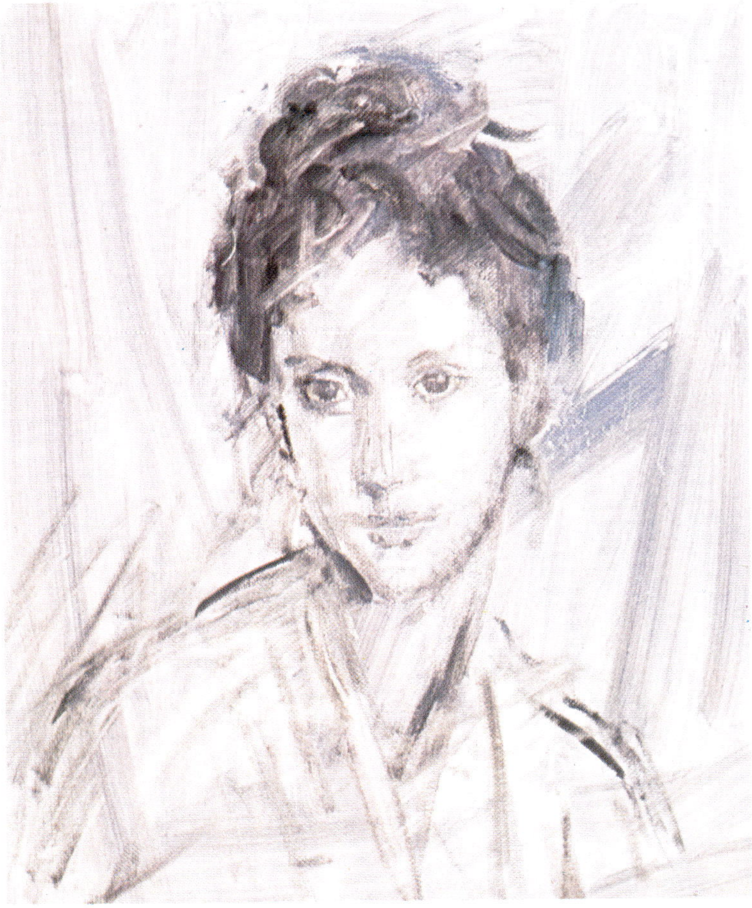

Schritt 2 Legen Sie den Hintergrund mit einem breiten Borstenpinsel und einer dickeren Version des Grundtons (Ultramarinblau, Umbra gebrannt und Weiß) an, den Sie mit Malmittel verdünnt haben. Ein schmalerer Borstenpinsel dient zum Auftragen der Schatten auf Stirn, Wange, Kiefer, Kinn, Hals, Augenhöhle, Nase und Lippen. Diesen Schattenton ermischen Sie aus Umbra natur, Kobaltblau plus Weiß. Betrachten Sie eingehend die Augenhöhle auf der Schattenseite des Gesichtes: Das obere Augenlid ist im Licht, das untere dagegen im Schatten. Umgekehrt verhält es sich mit der Oberlippe, die im Schatten ist, während die Unterlippe dem Licht zustrebt. Die dunkle Seite des Haares wird mit einem dunklen Mischton aus Umbra gebrannt und Ultramarinblau angedeutet.

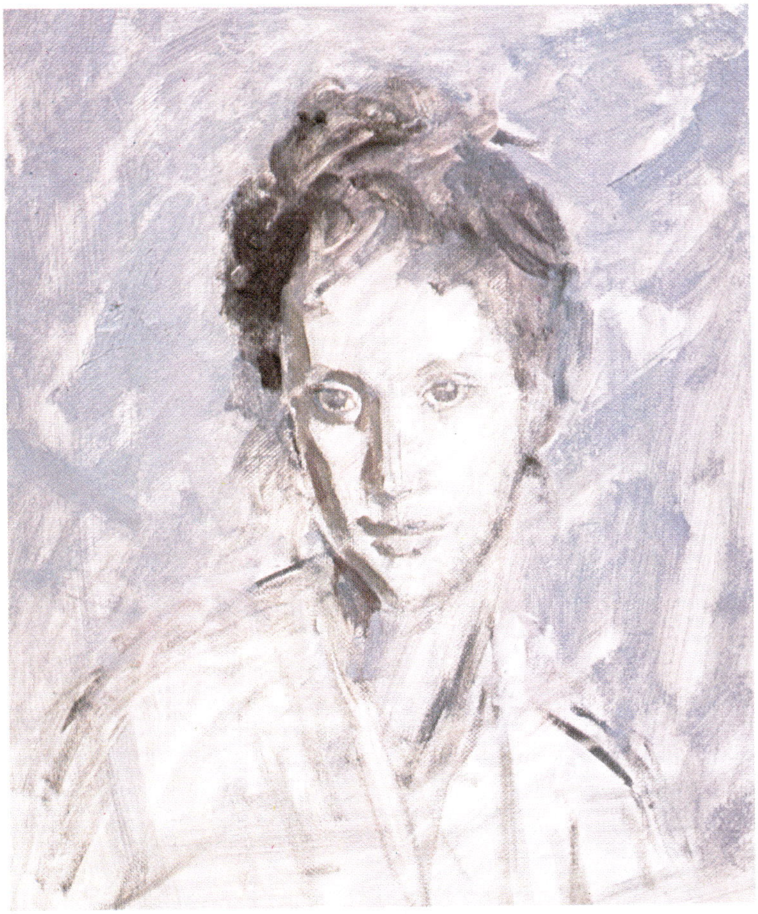

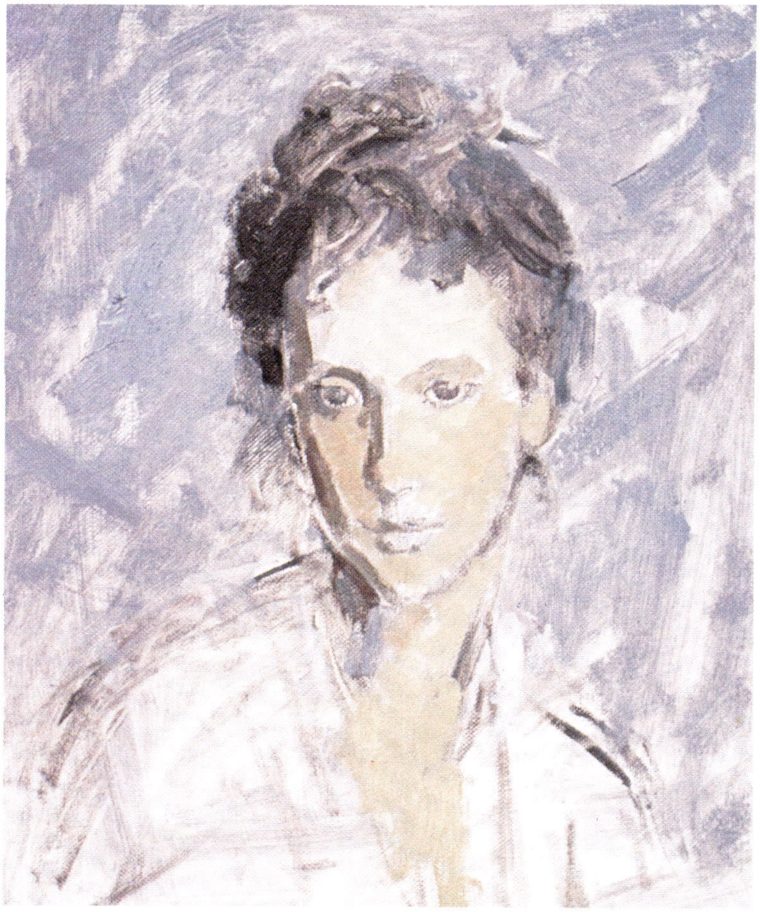

Schritt 3 Die Lichtpartien des Gesichtes werden in breiter Strichführung mit Umbra natur, Venezianischrot, Siena natur plus Weiß übergangen. Beachten Sie, daß die untere Gesichtshälfte etwas dunkler ist als die Stirn; diese dunkleren Töne enthalten etwas weniger Weiß. Die ersten Mitteltöne werden in den Augenhöhlen, am Unterkiefer entlang und unter dem Kinn aufgetragen. Diese Zwischentöne sind eine etwas dunklere Version des Hauttons, dem Sie einen winzigen Tupfer vom Hintergrundton beigemischt haben. Der helle Ton wird über den Hals und das Dekolleté verstrichen. Ein Zwischenton wird unmittelbar unter das Kinn gesetzt. Das Haar wird stellenweise mit dem Hintergrundton übergangen. Beachten Sie, wie diese hellen Partien dort etwas dunkler werden, wo die runden Ränder der Formen sich dem Licht abwenden.

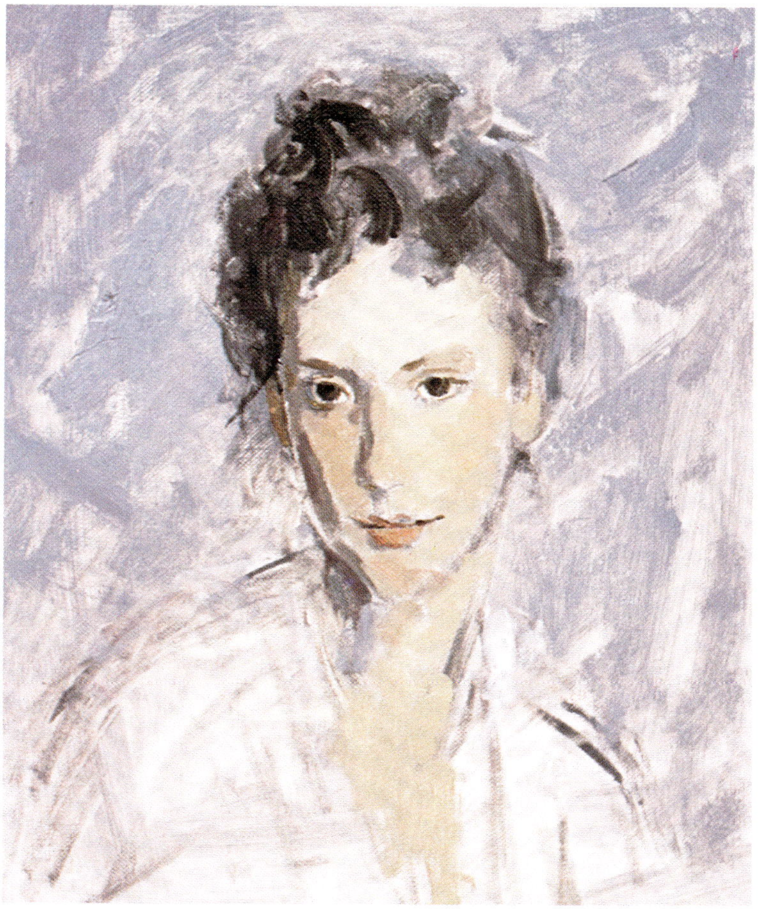

Schritt 4 Mit einer etwas dunkleren Version des vorherrschenden Hauttons fügen Sie kräftigere Halbtöne auf dem Nasenrücken, dem Kinn und auf der belichteten Gesichtsseite an der Schläfe hinzu. Die Augenhöhlen tönen Sie dunkler ein und fügen dann mit der Spitze eines Rundpinsels die dunklen Linien der Augenlider hinzu. Die dunklen Augen werden mit dem Hauptton des Haares (Umbra gebrannt und Ultramarinblau) gemalt. Kadmiumrot wird dem Hautton zur Anlage der Lippen beigemischt. Eine etwas blassere Version dieses Farbtons deutet das Ohr auf der Schattenseite des Gesichtes an. Beginnen Sie mit einem breiten Borstenpinsel, die Locken des Modells anzudeuten. Fügen Sie mit einem Rundpinsel die Augenbrauen und die dunklen Mundwinkel hinzu.

Schritt 5 Mit einem breiten Borstenpinsel und einer Mischung aus Ultramarinblau und Umbra gebrannt, aufgehellt mit einer Spur Weiß, arbeiten Sie die belichtete Haarpartie oben und an der Seite heraus. Auf der Schattenseite des Gesichtes - besonders auf der Wange - werden die Mitteltöne mit Umbra natur und Venezianischrot vertieft. Diese warme Farbe wird auch über die belichtete Wange schraffiert. Betonen Sie die Zwischentöne unter den Augen, in den Augenhöhlen und am belichteten Kiefer entlang. Die Dunkelheiten der Augenlider werden ebenfalls verstärkt und die Pupillen mit Spuren von reinem Schwarz, angetönt mit Umbra gebrannt, hinzugefügt. Malen Sie die Lichter, Zwischentöne und Dunkelheiten auf der Wange ineinander. In diesem Arbeitsgang ist das belichtete Ohr nur ein heller Fleck für das Ohrläppchen und den Wulst und ein dunkler Fleck für die Mulde.

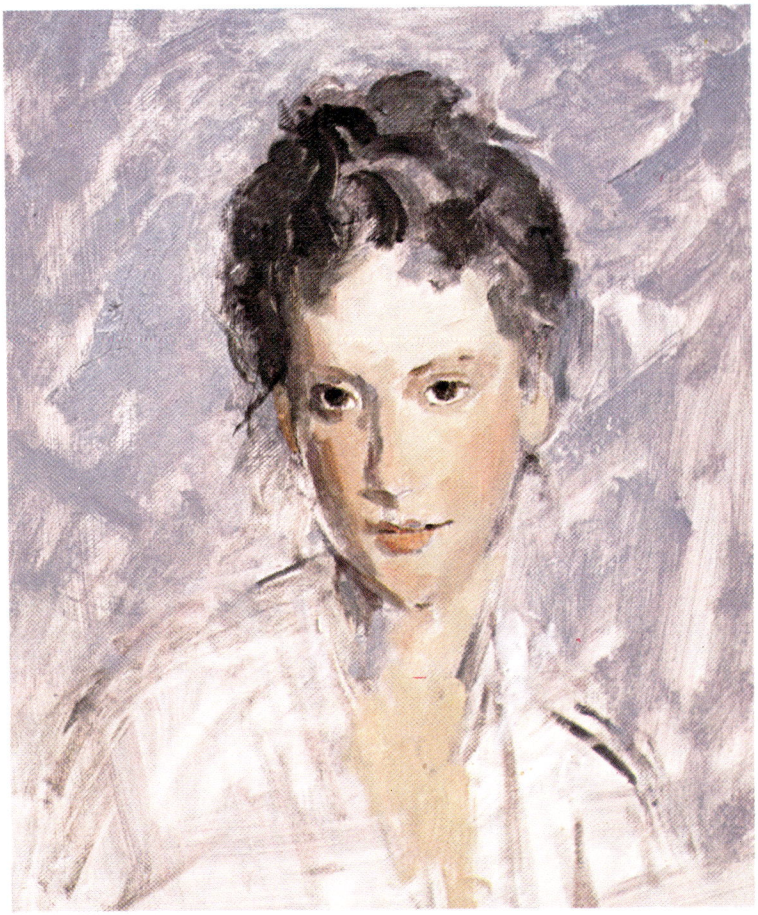

Schritt 6 Mit einem Haar-Flachpinsel malen Sie die Dunkelheiten und Zwischentöne auf der Schattenseite des Gesichtes ineinander und betonen die Augenlider mit der Schattenmischung. Die Lippenkonturen werden sorgfältiger nachgezogen, die Oberlippe dunkler gemalt und ein Schatten unter der Unterlippe angedeutet. Der Schatten unter der Nase wird zur Lippe hin verlängert. Mit einem Haarpinsel fügen Sie Details wie die Augenbrauen, die dunklen Linien der Oberlider, das Weiße im Auge und die dunklen Konturen der Nasenlöcher hinzu. Wo das Haar über der Stirn hängt, wird ein Schatten nachgetragen. Der Schatten am Hals wird nach unten gehend verlängert und das Dekolleté mit einem Zwischenton dunkler getönt. Diese dunklen Aufträge führen Sie alle mit dem Grundton der Hautmischung aus, dem Sie etwas vom Hintergrundton beimengen.

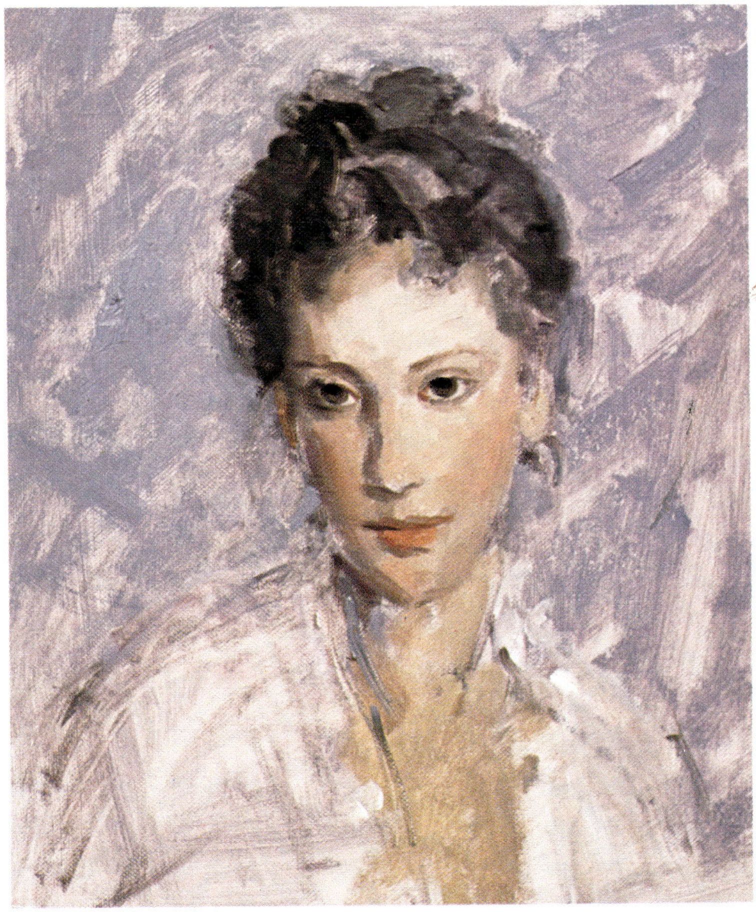

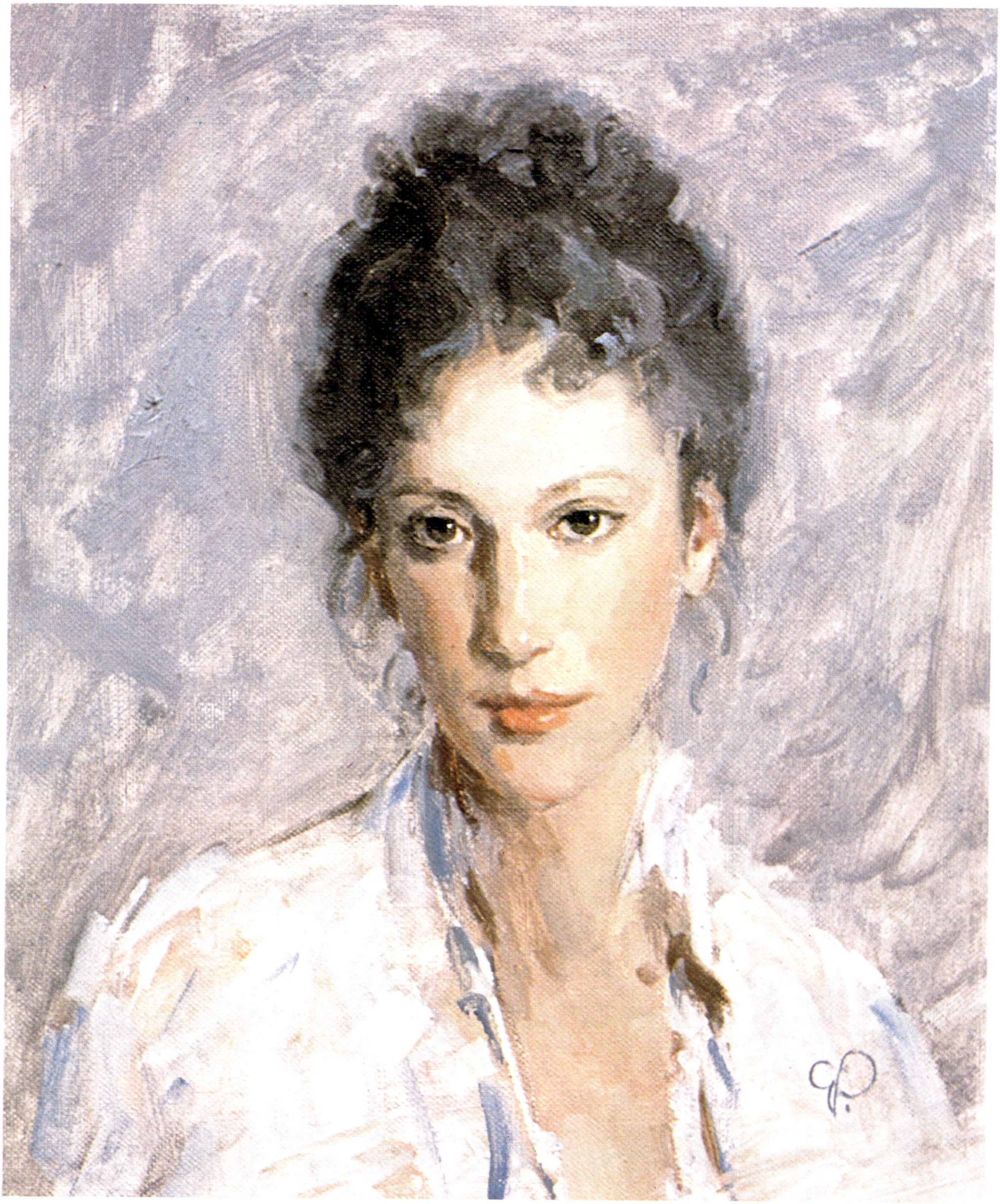

Schritt 7 Eine Mischung aus Ultramarinblau, Umbra gebrannt und Weiß wird in breiter Strichführung über den Hintergrund aufgetragen. Deuten Sie mit einem kleinen Rundpinsel vereinzelt Locken an und fügen Sie dem Haar Glanzlichter mit Ultramarinblau, einer Spur Umbra natur plus Weiß hinzu. Eine stärkere Weißausmischung des Hauttons dient zur Anlage der Lichter auf Stirn, Wangen und Kinn. Nehmen Sie mit einem Rundpinsel diesen Mischton auf und setzen Sie auf Nase und Lippen Glanzlichter. Mit dem gleichen Pinsel lichten Sie die Oberlider auf und tönen die Schatten unter den Lidern dunkler ein, umreißen die Nasenlöcher präziser und gestalten die Linien der Lippen weicher. Mit einem Haar-Flachpinsel malen Sie die Konturen der Augenhöhlen und der Unterlippe weicher und verwischen die Lichter.

Schritt 1 Eine Mischung aus Kobaltblau und einer Spur Umbra natur, stark mit Terpentinöl verdünnt, wird mit einem Lappen über die Leinwand verrieben. Dann führen Sie die Vorzeichnungsskizze mit reinem Kobaltblau aus, das Sie mit Terpentinöl so flüssig wie eine Aquarellfarbe angesetzt haben. Diese Pinselzeichnung ist interessant, weil sie die Fläche in Licht und Schatten unterteilt. Der Ton des kuppelförmigen Haares ist einheitlich. Die dunklen Augenhöhlen werden schattig gemalt, ebenso die Partien unter der Nase, der Unterlippe und dem Kinn. Dunkel sind auch die Partien, wo die Wangen und der Kiefer in den Schatten übergehen und wo das Kinn seinen Schatten auf den Hals wirft. Jetzt tragen Sie die Dunkelheiten des Haares oberhalb der Ohren mit einer Mischung aus Elfenbeinschwarz, Ultramarinblau und Umbra gebrannt nach.

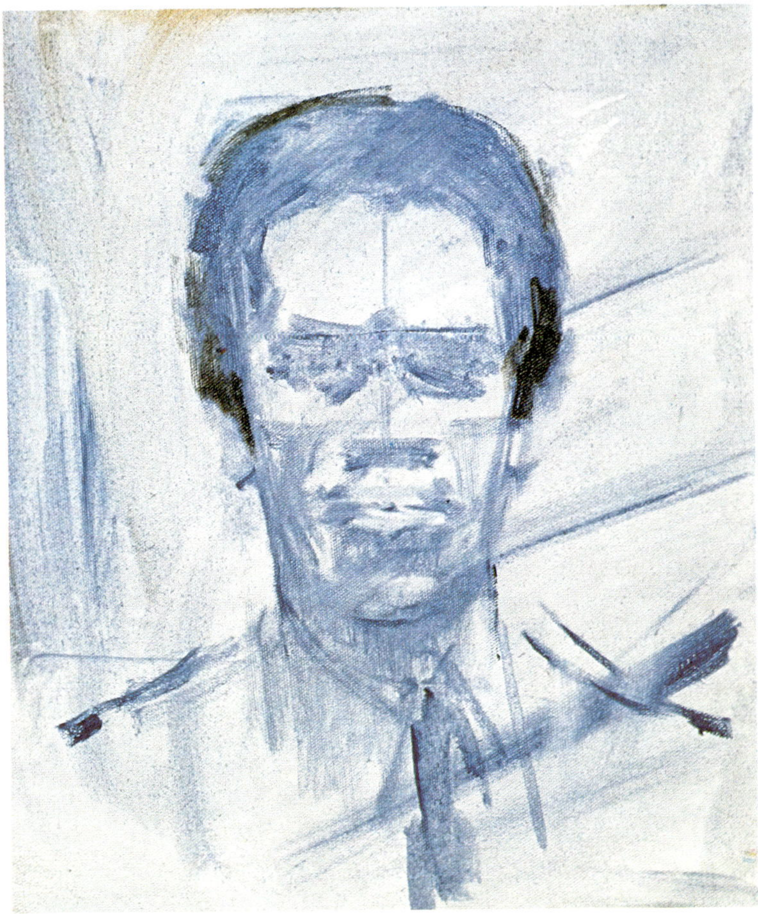

Schritt 2 Das Haar ist der dunkelste Wert in dem Porträt; daher werden die Töne des Haares zuerst gemalt (Elfenbeinschwarz, Ultramarinblau und Umbra gebrannt). Jetzt haben Sie es leichter, alle anderen Tonwerte nach ihrem Dunkelheitsgrad abzustimmen. Die Dunkelheiten des Gesichtes, die in Schritt 1 in großen Zügen erfaßt wurden, werden mit kompakterer Farbe aus Umbra gebrannt, Ultramarinblau, wenig Kadmiumorange plus Weiß verstärkt. Diese satten Dunkelheiten bilden einen schönen Kontrast zu den erhellten Partien des Gesichtes. Man kann schon deutlich die dreidimensionale Form des Kopfes erkennen. Eine dickere Version des Hintergrundtons - Kobaltblau, Umbra natur plus Weiß, verdünnt mit Malmittel - wird oberhalb der Schultern und um das Gesicht herum aufgetragen. Den Kragen und die Krawatte deuten Sie mit einer dunkleren Version dieser Farbe, die weniger Weiß enthält, an. Ein weißer Aufstrich wird auf der erhellten Seite des Kragens plaziert.

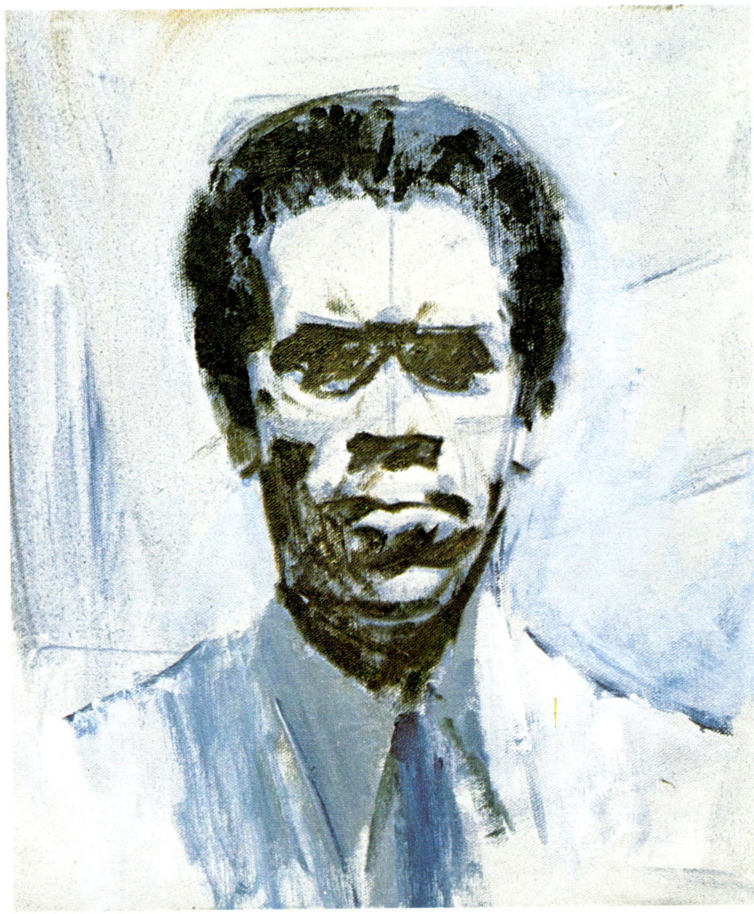

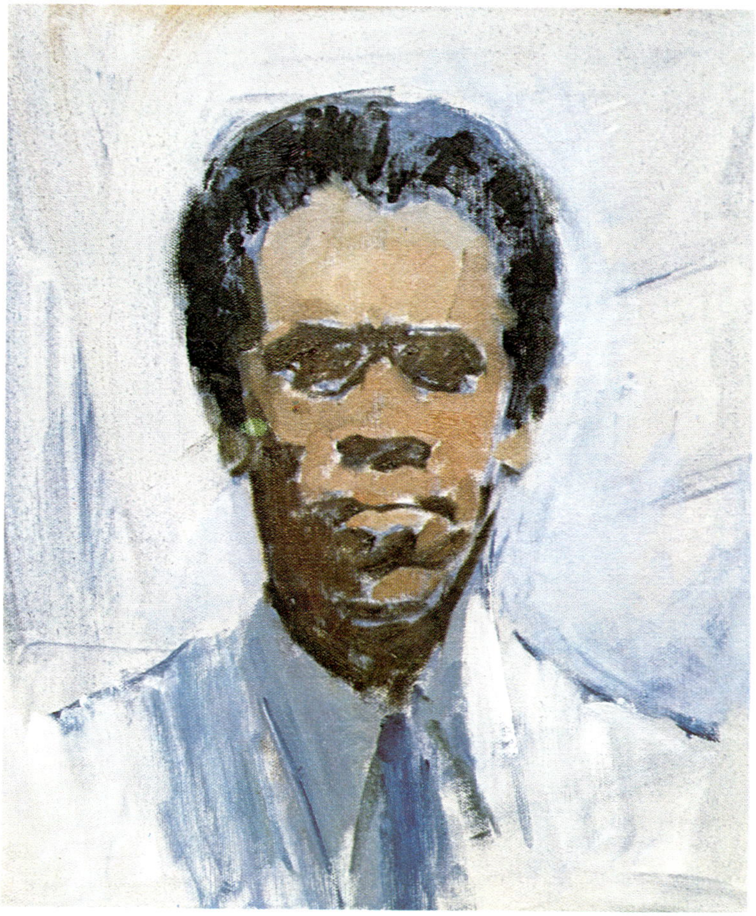

Schritt 3 Die belichteten Gesichtspartien werden neben die Dunkelheiten gesetzt. Diese Lichter sind eine Mischung aus Umbra gebrannt, Ultramarinblau, Kadmiumorange plus Weiß. Die Stirn wird am stärksten beleuchtet; daher ist diese Partie etwas heller als die untere Gesichtshälfte. Ein wärmerer Schattenton wird über die Dunkelheiten aufgetragen, die dadurch satter und einheitlicher wirken. Der Schattenton ist ebenfalls eine Mischung aus Umbra gebrannt, Ultramarinblau, Kadmiumorange und weniger Weiß. Legen Sie die schattigen Formen sehr sorgfältig an. Beachten Sie, wie der Schatten auf dem Gesicht von oben nach unten gehend verläuft, einen Bogen um die Braue beschreibt, unter der Wange und im Mundwinkel einen Einschnitt macht und dann unter der Lippe und dem Kinn verläuft. Auf der hell belichteten Stirn wird der Farbton an der sich wölbenden Kante der Form etwas dunkler.

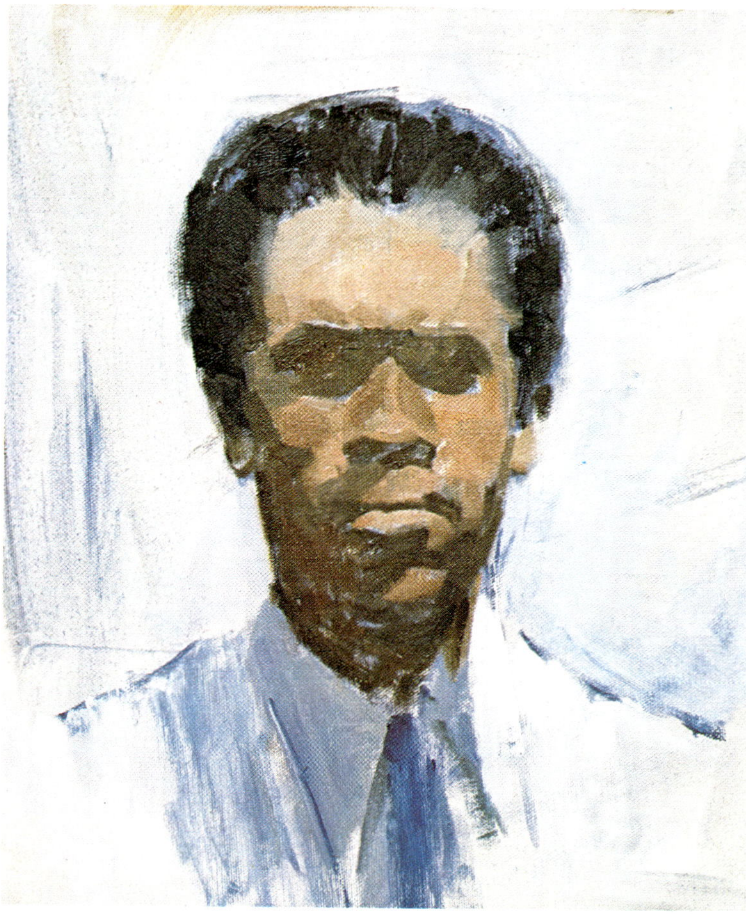

Schritt 4 Dem Schattenton mischen Sie mehr Weiß bei, um einen mittleren Ton zu erzielen, den Sie zwischen die Lichter und Schatten auftragen – am unteren Rand der Stirn entlang, zu beiden Seiten der Nase, auf die Wangen und die Lippen. Beginnen Sie, die Aufstrichränder der Mitteltöne verwischend in die Lichter zu malen. Zur Darstellung dieses mit kühnen Pinselstrichen gemalten Kopfes werden ausschließlich Borstenpinsel genommen. Ebenso wie ein Haarpinsel einem weiblichen Gesicht Zartheit hinzufügt, können kühne Aufstriche mit einem Borstenpinsel die Strenge eines männlichen Gesichtes betonen.

Schritt 5 Fügen Sie dem Grundton der Hautmischung (Umbra gebrannt, Ultramarinblau, Kadmiumorange und Weiß) mehr Weiß hinzu und verdünnen ihn mit Malmittel zu einer satten, sahnigen Konsistenz. Dann beginnen Sie, mit einem Borstenpinsel die Partien zu betonen, die am hellsten belichtet sind - auf Stirn, Wange, Nasenrücken, Ober- und Unterlippe. Mit einem anderen Pinsel verwischen Sie den Rand, wo die belichtete Stirn in die dunkle Form des Haares übergeht; hier tragen Sie etwas vom kalten Hintergrundton auf.

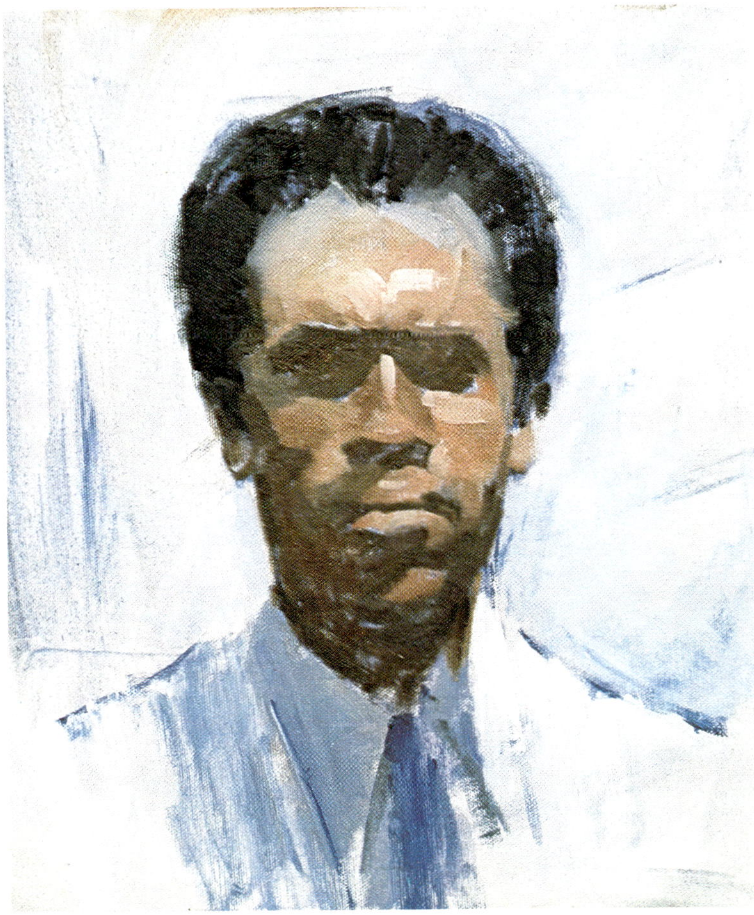

Schritt 6 Die dunklen Aufstriche des Haares werden miteinander zu einem weichen, durchgehenden Ton verbunden. Der Außenumriß des Haares wird weich in den Hintergrund übergehend gemalt. Hellere Lichter werden auf Stirn, Wange, Nase und Unterlippe mit dicker Farbe hinzugefügt. Beginnen Sie, die Aufstrichränder der Schatten zu verwischen, die nun weich in die Halbtöne übergehen. Sie sehen das ganz deutlich um die Augenhöhle herum, auf der schattigen Wange und um den Mund herum. Mit einem kleinen Pinsel fügen Sie Details, wie z. B. das Weiße im Auge hinzu, das nahezu so dunkel wie die Zwischentöne ist, und die dunkle Iris mit dem Schattenton. Mit einem Haarpinsel malen Sie eine Spur Venezianischrot in die Schatten, um einen Anstrich von Wärme unter der Nase und am Kiefer hinzuzufügen. Der Schatten am Hals wird ineinander übergehend gemalt.

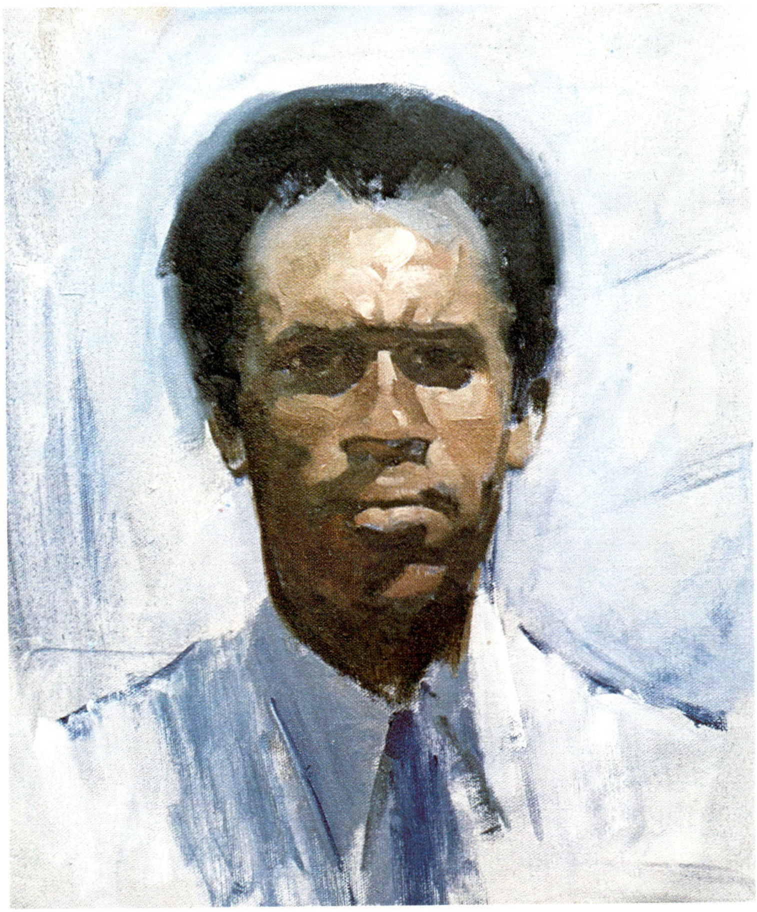

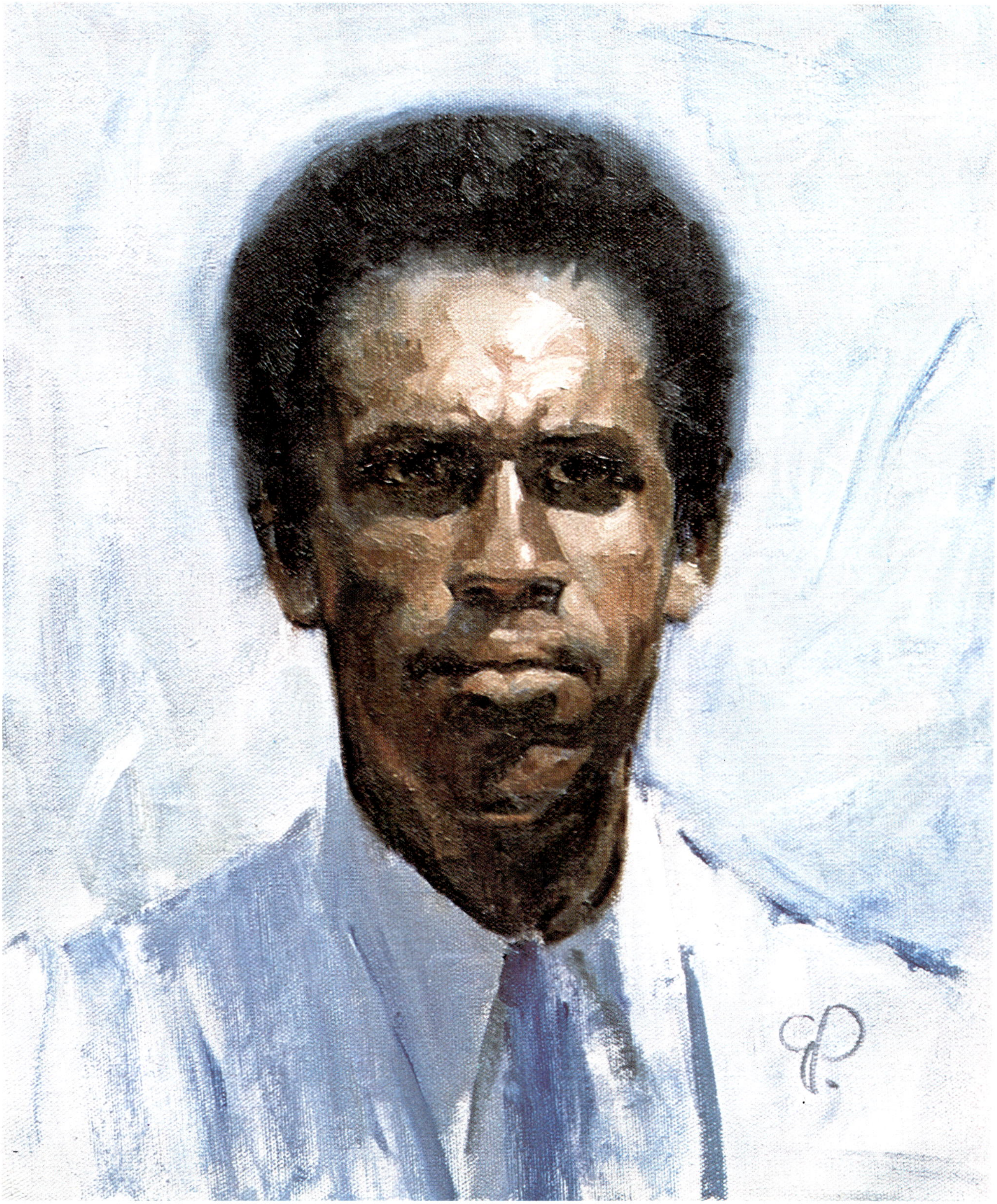

Schritt 7 In diesem letzten Arbeitsgang betonen Sie mit einem kleinen Pinsel und einer Mischung aus Ultramarinblau und Umbra gebrannt die Dunkelheiten um Augen, Ohren, Nase und Mund herum. Die Augenbrauen, die Nasenlöcher, die Ohrmulden und der Mundspalt werden in präziser Strichführung mit diesem Mischton nachgezogen. Die Schatten werden mit Spuren von Venezianischrot angetönt, was Sie deutlich auf Wange, Kiefer und Kinn erkennen können. Spuren des kalten Hintergrundtons malen Sie verwischend in die Schatten unter den Augen, der Nase und der Unterlippe. Das Porträt fängt die schöne Wechselwirkung von warmen und kalten Farben ein, die typisch ist für dunkle Haut.

Schritt 1 Die Leinwand wird mit einem Mischton aus Umbra natur und Siena natur eingefärbt, der einen warmen, goldenen Ton ergibt und mit dem Teint des Modells harmoniert. Der gleiche Mischton, dem Sie aber mehr Umbra natur und weniger Siena natur beimengen, dient zum Skizzieren des Kopfes. Erfassen Sie mit dem Pinsel den Außenumriß des ovalen Gesichtes, die Rundungen des Halses und der Schultern und die dunkle Form des Haares. Dann ordnen Sie die Augen mit dunklen Tupfern an, stellen die Nase mit einem einzigen Strich dar, der auf der Schattenseite nach unten führt, malen die zwei Nasenlöcher mit raschen Tupfern und deuten die Lippen mit breiten, waagerechten Strichen an. Schraffieren Sie die Schatten am Hals flüchtig-leicht und wischen Sie dann die belichteten Partien des Halses mit einem um die Fingerspitze gewickelten Lappen heraus. Der Hintergrund wird mit dem gleichen Ton vertieft, den Sie auch für die Vorzeichnung verwendet haben.

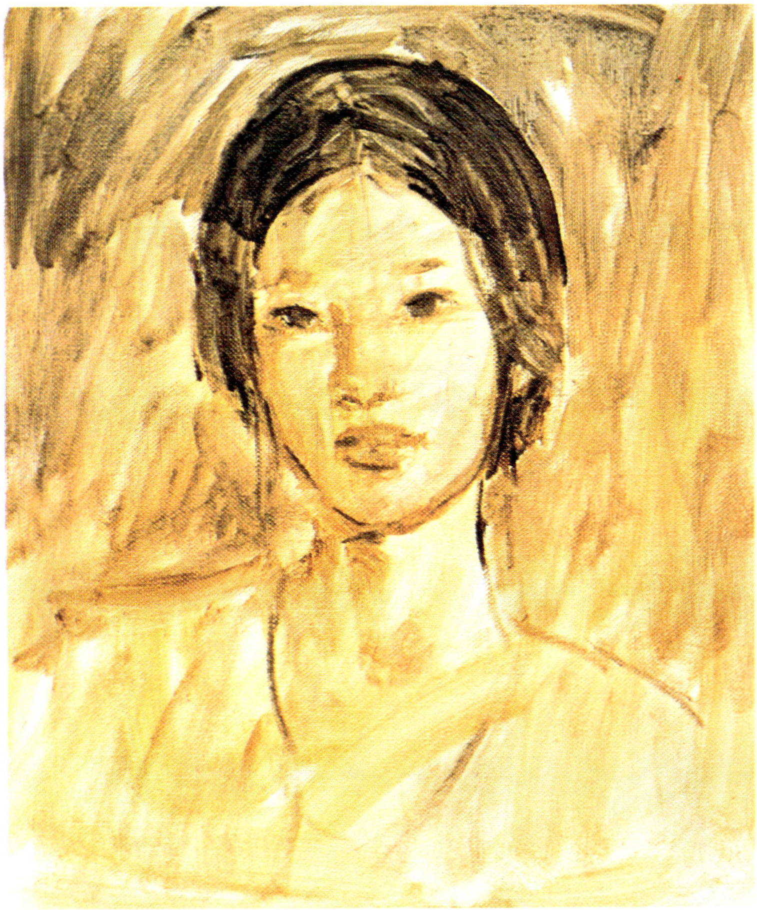

Schritt 2 Der Hintergrund wird in grober Strichführung mit einem breiten Borstenpinsel übergangen, der mit einer Mischung aus Kobaltblau, Umbra natur, Siena natur plus Weiß gefüllt ist. Dieser kalte Ton kontrastiert sehr schön mit dem goldenen Hautton des Modells. Es ist entscheidend, dieses Farbschema in den ersten Arbeitsgängen des Porträts zu entwerfen, damit Sie die Hautmischungen präziser bestimmen können.

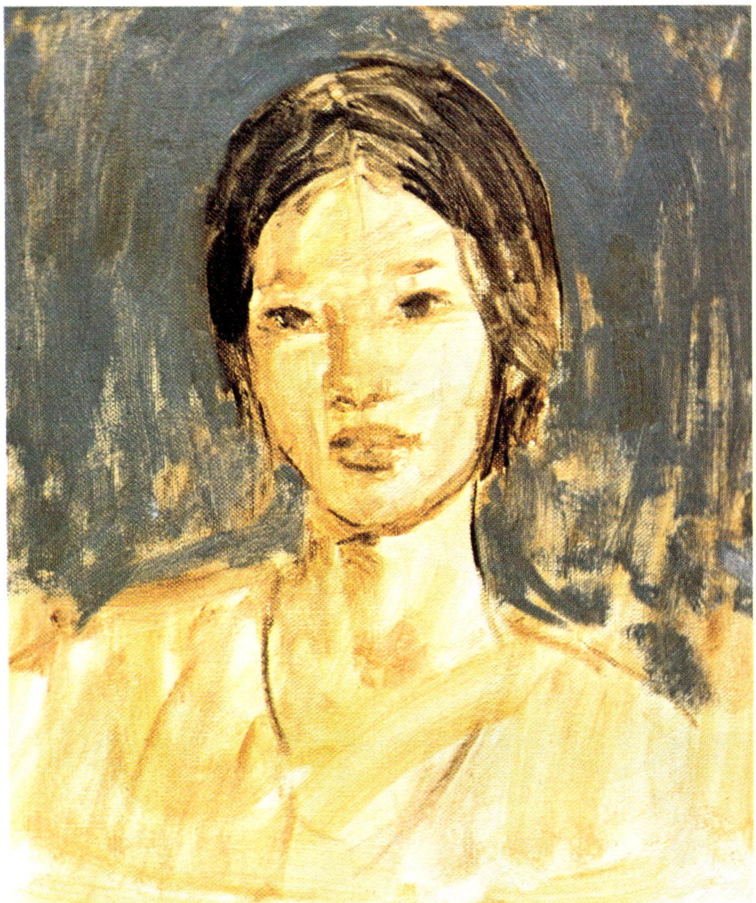

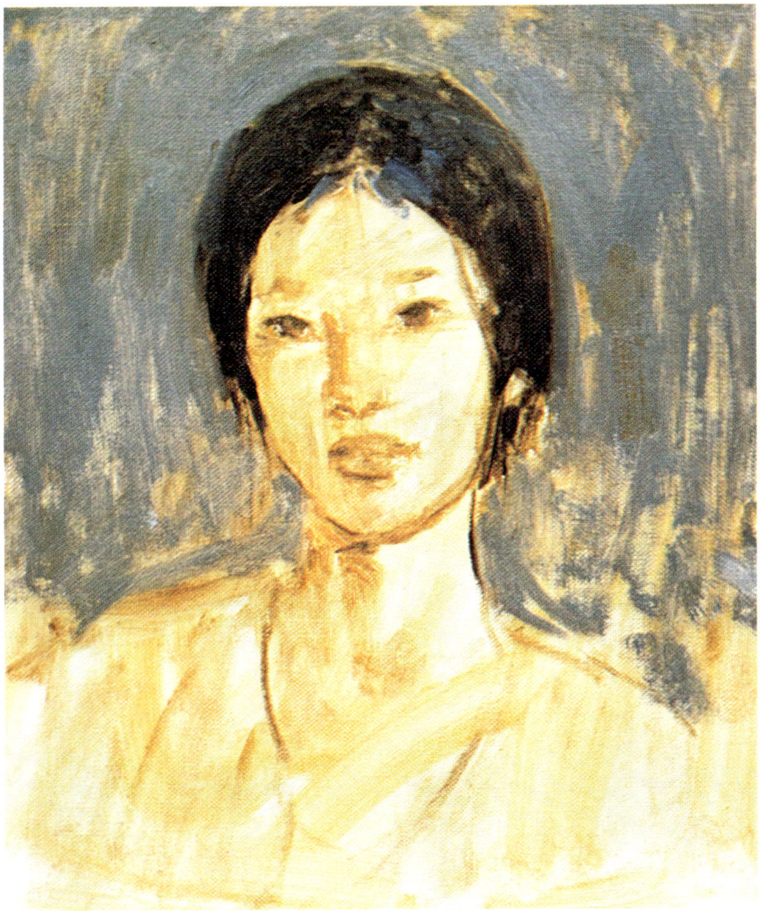

Schritt 3 Die satte, dunkle Form des Haares wird mit Aufstrichen aus Elfenbeinschwarz, Ultramarinblau und einer Spur Umbra gebrannt übergangen. Eine Spur Licht wird auf dem Haar angedeutet, indem Sie mehr Ultramarinblau und Weiß diesem schwarzen Ton hinzufügen. Mit einem Lappen wischen Sie teilweise den Ton auf der belichteten Seite des Gesichtes heraus.

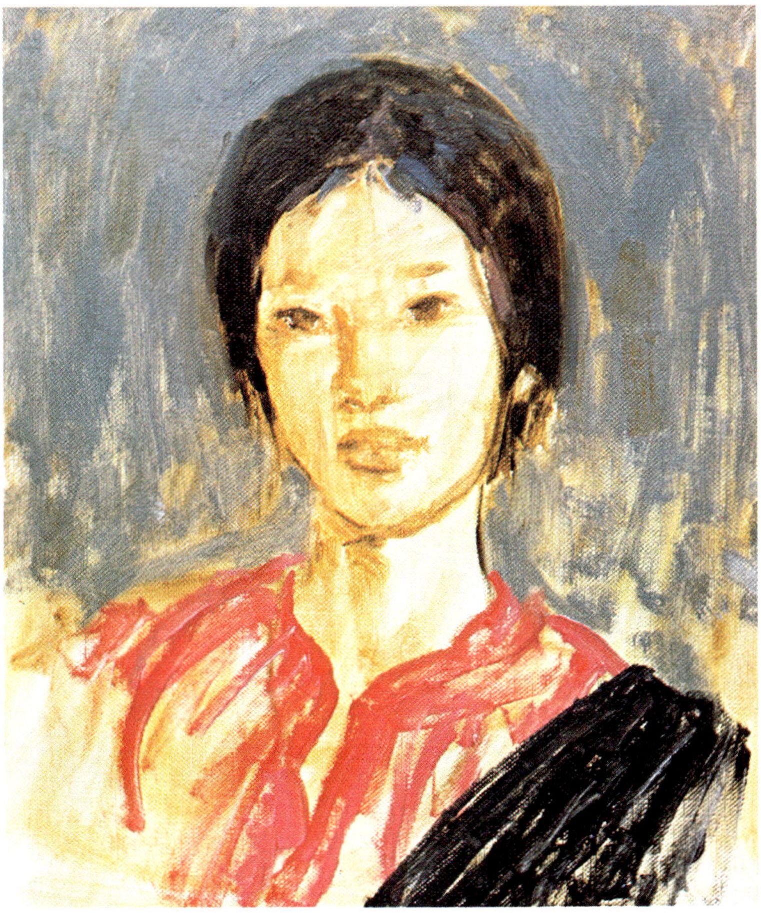

Schritt 4 Jetzt legen Sie die brillante Farbe des Kleides mit einem Mischton aus Kadmiumrot und Alizarinkrapplack - der ein besonders glutvolles Rot ergibt - an, gedämpft mit einer Spur Kobaltblau und Weiß. Der dunkle, um die Schultern des Modells drapierte Stoff wird mit dem Haarton gemalt: Elfenbeinschwarz, Ultramarinblau und Umbra gebrannt. Nun ist das Gesicht von all den Farben umgeben, die mit den Hauttönen kontrastieren. Das erleichtert Ihnen das Mischen der Hauttöne und das sorgfältige Abstimmen ihrer Tonwerte.

Schritt 5 Die dunklen Augen werden behutsam mit der Spitze eines Haar-Rundpinsels gemalt, der mit dem Haarton gefüllt ist. Weil der Licht- und Schattenkontrast – im fertigen Porträt – besonders subtil ist, legt der Künstler die Lichter und Schatten gleichzeitig an. Die belichtete Seite des Gesichtes wird mit einem hellen Mischton aus Siena natur, Kadmiumgelb, Kadmiumrot und Weiß gemalt. Die Schatten an Stirn, Augenhöhle, Nase, Lippen und Hals tragen Sie mit kleinen Spuren von Siena natur, Umbra gebrannt und Weiß auf. Schon in diesem Arbeitsgang zeigt das Gesicht eine Andeutung der hellsten und dunkelsten Tonwerte, die im fertigen Porträt erscheinen.

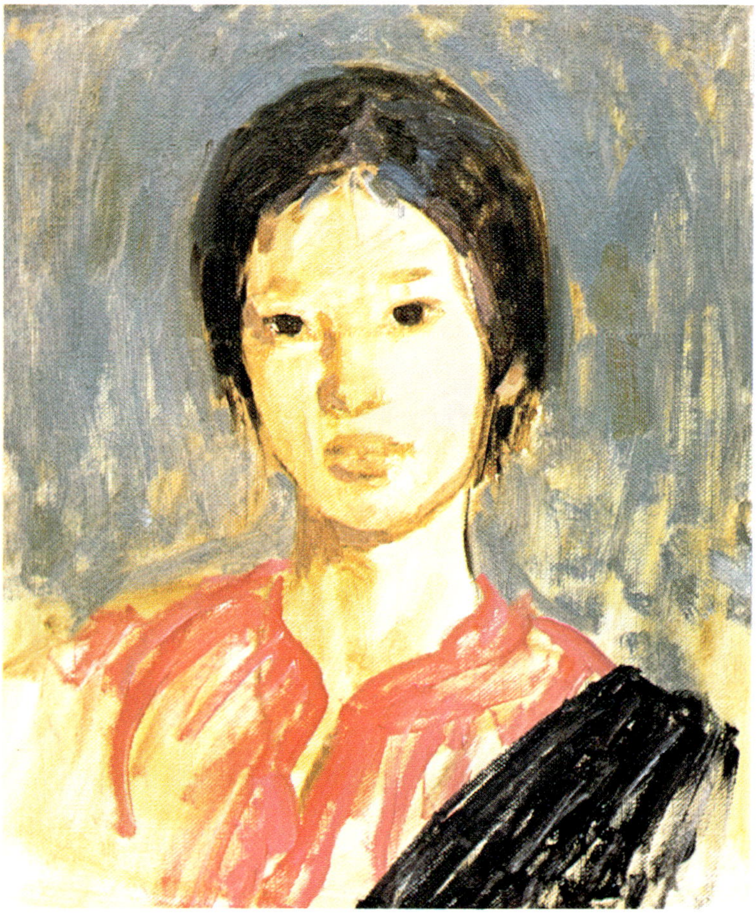

Schritt 6 Fast das gesamte Gesicht ist nur etwas dunkler als die in Schritt 5 gemalten Lichtpartien. Die Stirn, die Nase, das Kinn und die Schatten des Gesichtes und des Halses werden in breiter Strichführung mit dem in Schritt 5 eingeführten Hautton gemalt: Siena natur, Kadmiumgelb, Kadmiumrot plus Weiß, der jetzt aber weniger Weiß und mehr Siena natur enthält. Der dunkle, in Falten über die Schulter gelegte Stoff ist verwirrend und wird mit einer zarteren Mischung aus Kobaltblau, Alizarinkrapplack und Weiß übergangen, die Sie in grober Strichführung mit einem breiten Borstenpinsel schraffierend auftragen. Ein paar Aufstriche mit dieser Mischung erscheinen auf der anderen Schulter. Der Hintergrund wird stärker herausgearbeitet: Die Aufstriche im Grundton werden verwischend gemalt und gleichmäßiger über die gesamte Fläche verstrichen. Gleichzeitig fügen Sie einige Spuren mit dem Ton des Kleides dem Hintergrund oberhalb der Schultern hinzu. Die Partie des roten Kleides malen Sie satter.

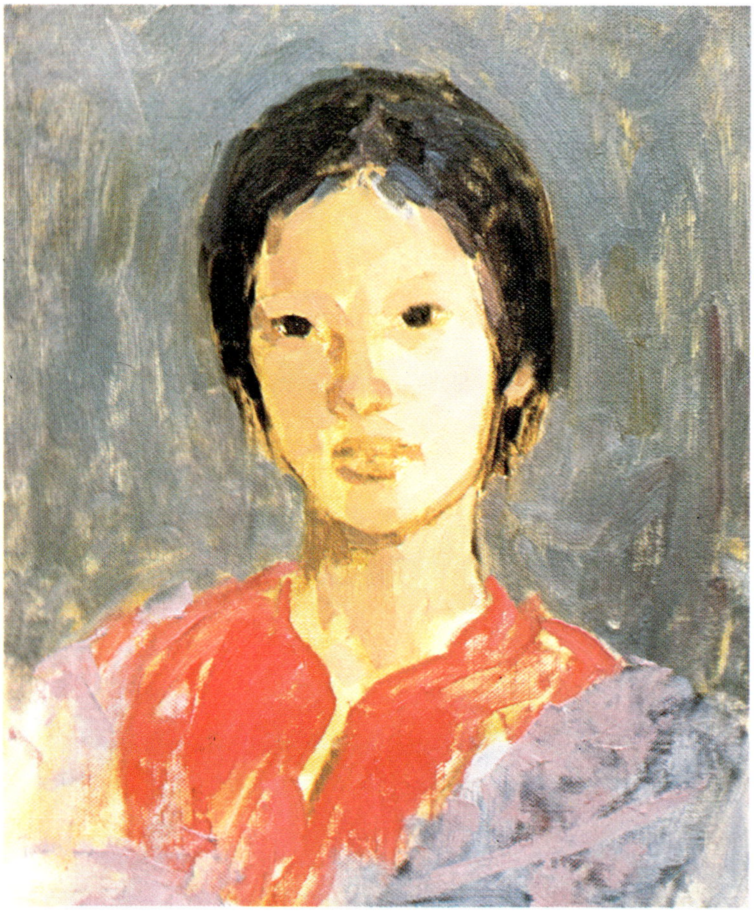

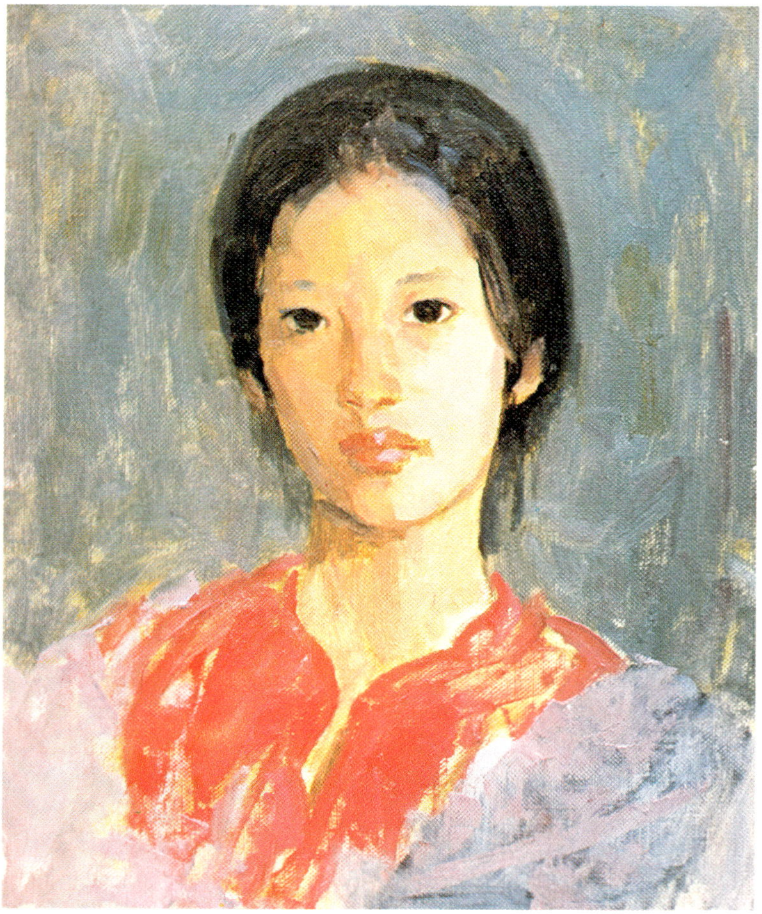

Schritt 7 Schatten und angrenzende Zwischentöne werden über die schattigen Partien von oben nach unten gehend an Stirn, Wange, Kiefer, Kinn, Nase und Lippen aufgetragen. Diese „dunklen" Aufträge sind nicht viel dunkler als die hellen, in Schritt 6 gemalten Hauttöne. Zum Mischen nehmen Sie – um die Farbbeigaben noch einmal zu nennen – Siena natur, Kadmiumgelb, Kadmiumrot plus Weiß, aber mehr Siena natur und weniger Weiß. Dieser Mischung mengen Sie mehr Kadmiumrot bei und malen die Lippen kräftiger. Bei den Ohren werden helle und dunkle Flecken nachgetragen. Beginnen Sie, mit einem Rundpinsel die Augenbrauen und die schattigen Ränder der Augenlider zu verstärken. Mit einem Haar-Flachpinsel verbinden Sie die Aufstriche des Haares zu einem durchgehenden Ton und mildern die harten Aufstrichränder des Haares gegen den Hintergrund. Mit einem Rundpinsel tragen Sie ein paar Haarsträhnen am Ohr nach.

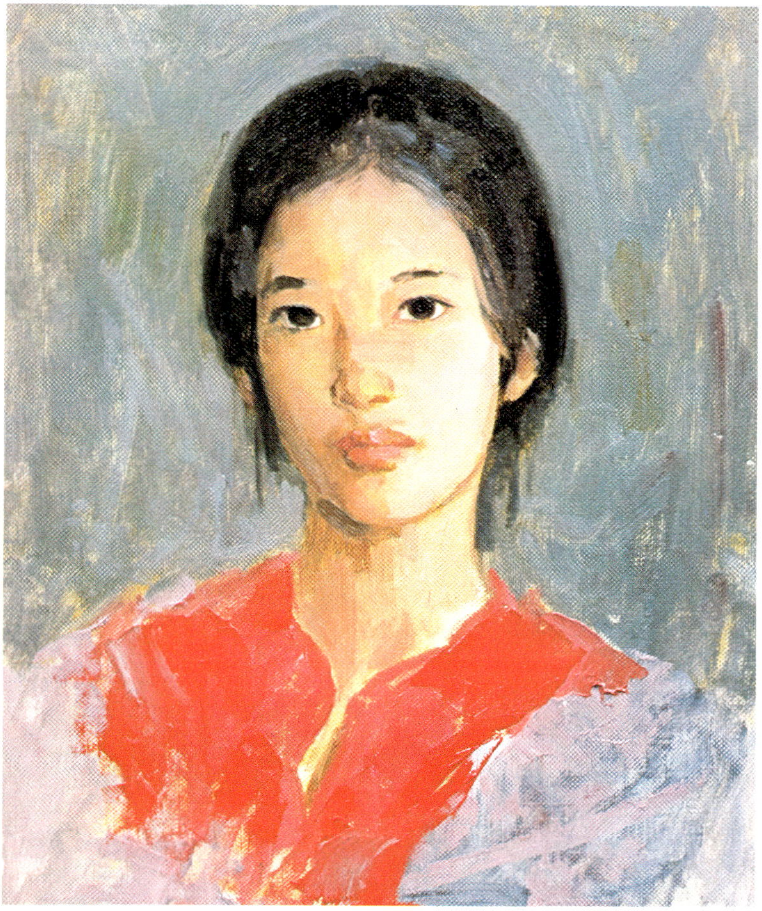

Schritt 8 Mit einem Haar-Flachpinsel malen Sie die Lichter, Zwischentöne und Schatten verwischend ineinander. Durch die weichen Tonübergänge wird das Gesicht runder und leuchtender. Der Schatten unter dem Kinn wird nach unten gehend über den Hals verstrichen und eine Spur Dunkelheit unmittelbar unter dem Kinn hinzugefügt. Mit der Spitze eines Rundpinsels und dem Haarton arbeiten Sie noch einmal die Augenbrauen nach und tönen dann die Oberlider dunkler ein. Beachten Sie, wie das Haar an der schattigen Wangenseite nach unten verlängert wird, die sich jetzt deutlicher abhebt. Mit der Pinselspitze ziehen Sie die Konturen der Nasenflügel, der Nasenlöcher und der Lippen nach.

Schritt 9 Mit Haar-Flachpinseln arbeiten Sie die Dunkelheiten und Lichter heraus. Sahnige Farbaufträge legen die Lichter auf Stirn, Wange, Kinn und Hals an. Die Dunkelheiten werden auf der Schattenseite an Stirn, Nase, Oberlippe und Kiefer betont. Die Konturen der Lippen werden präziser modelliert, die Augenbrauen breiter gemalt und die Augenränder dunkler nachgezogen. Fügen Sie das Weiße im Auge mit fast reinem Weiß hinzu, angetönt mit einer winzigen Spur des Hauttons. Die Pupillen malen Sie mit reinem Schwarz, und die Glanzlichter setzen Sie mit Spuren von reinem Weiß auf. Auf der Palette mischen Sie einen dunklen Hintergrundton aus Kobaltblau, Umbra natur plus weniger Weiß, den Sie über den Hintergrund auftragen. Die tiefsten Töne konzentrieren Sie um den Kopf herum und vereinfachen die Form des Haares, indem Sie die in Schritt 8 aufgetragenen, herunterhängenden Strähnen übermalen.

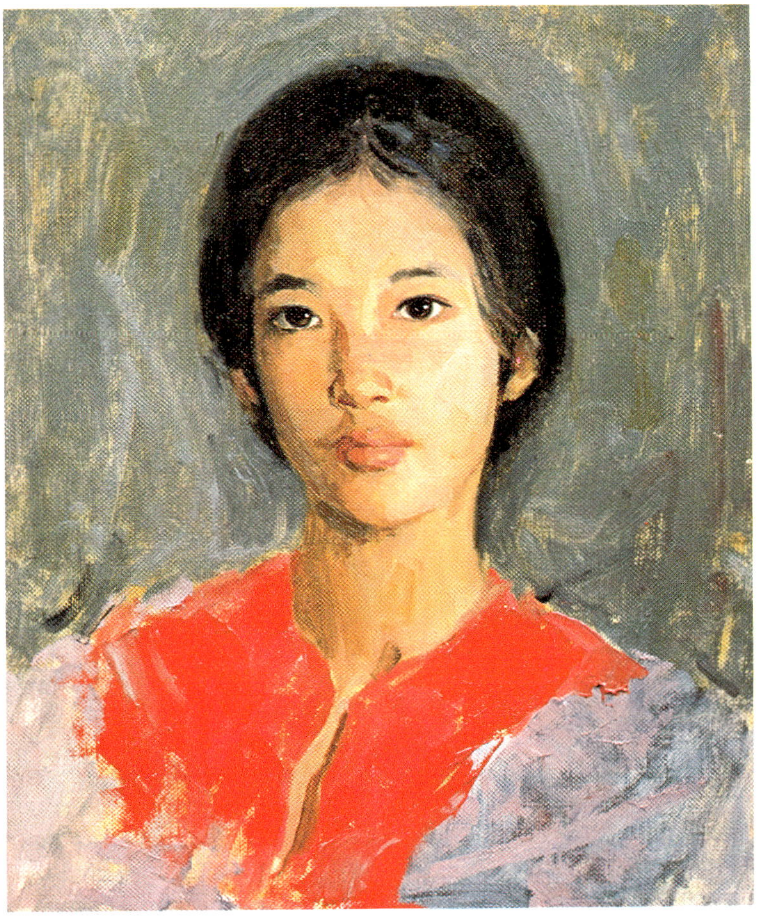

Schritt 10 Der Hintergrund wird noch einmal übergangen, der dunkler und gleichmäßiger wird – dennoch scheinen Spuren wärmerer Farben durch. Mit Haarpinseln intensivieren Sie die Schatten und heben die Lichter mit dicker, sahniger Farbe hervor. Der Ton des Gesichtes wird durch mehr Kadmiumgelb, Siena natur und weniger Weiß dunkler, satter und leuchtender. Die Form des Mundes wird durch Betonung der Schatten und der Konturen mit dem kleinen Pinsel runder. Der Schatten unter dem Kinn wird vertieft, damit das Kinn deutlicher hervortritt.

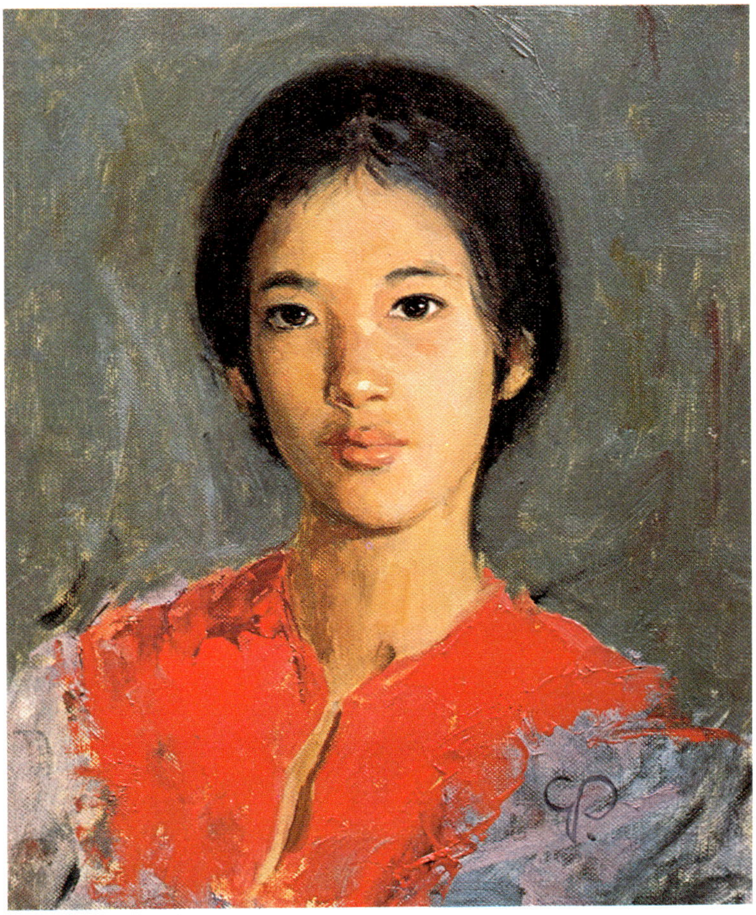

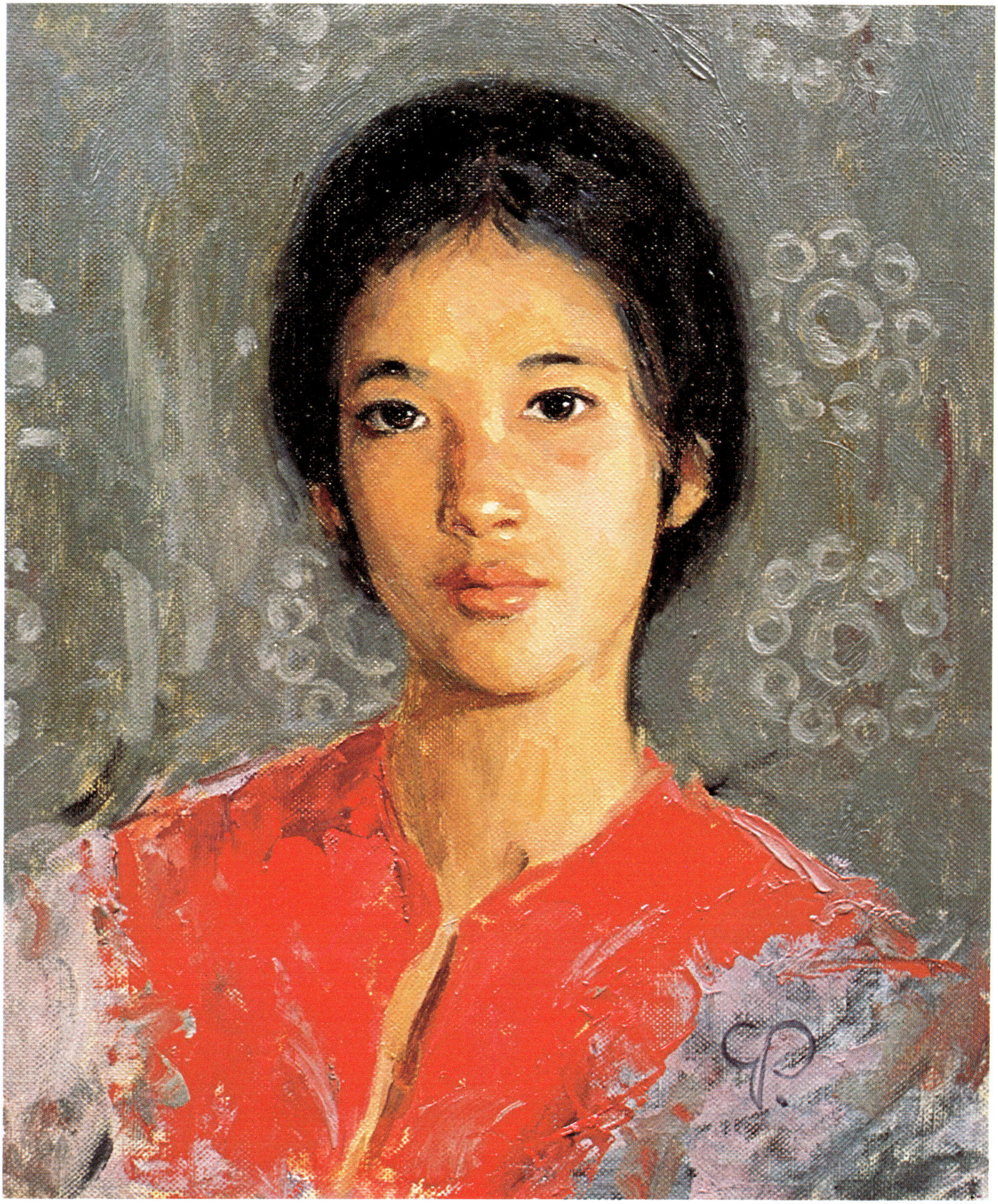

Schritt 11 Die endgültige Ausarbeitung verdeutlicht, wie die Schatten und Zwischentöne mit den goldenen Tönen aus Siena natur und Kadmiumgelb, aufgehellt mit Weiß, satter getönt worden sind. Goldene Glanzlichter dieser Mischung – mit viel Weiß und Malmittel – lichten den Nasenrücken, die Nasenspitze und die Lippen auf. Beachten Sie, wie Kadmiumrot in den Schatten Leuchtkraft und Transparenz bringt. Der Hintergrundton wird auf der Palette mit Weiß aufgehellt und mit der Spitze eines kleinen Borstenpinsels auf den nassen Hintergrund gesetzt, um das Stoffmuster hinter dem Kopf des Modells anzudeuten. Trotz der, mit Haarpinseln erzielten, weichen Tonübergänge ist es wichtig, daß die Hauttöne nicht absolut glatt sind, sondern noch die Spuren der einzelnen Pinselaufstriche bewahren.

Schritt 1 Die Leinwand wird mit Umbra natur getönt. Dann mischen Sie etwas Venezianischrot und Umbra gebrannt auf der Palette für die Vorzeichnung. Die Vorzeichnungsskizze ist fast vollständig; sie erfaßt die Gesichtszüge mit großer Sorgfalt und gibt die Formen der Schatten in großen Zügen wieder. Mit einem Lappen wischen Sie teilweise die nasse Untermalung auf der belichteten Seite des Gesichtes, des Halses und des Tuches heraus. In grober Strichführung wird das Hemdenmuster des Modells angedeutet. Der Hintergrund hinter dem Kopf wird mit großzügigen Strichen mit Umbra natur, schwach angetönt mit Ultramarinblau, vertieft.

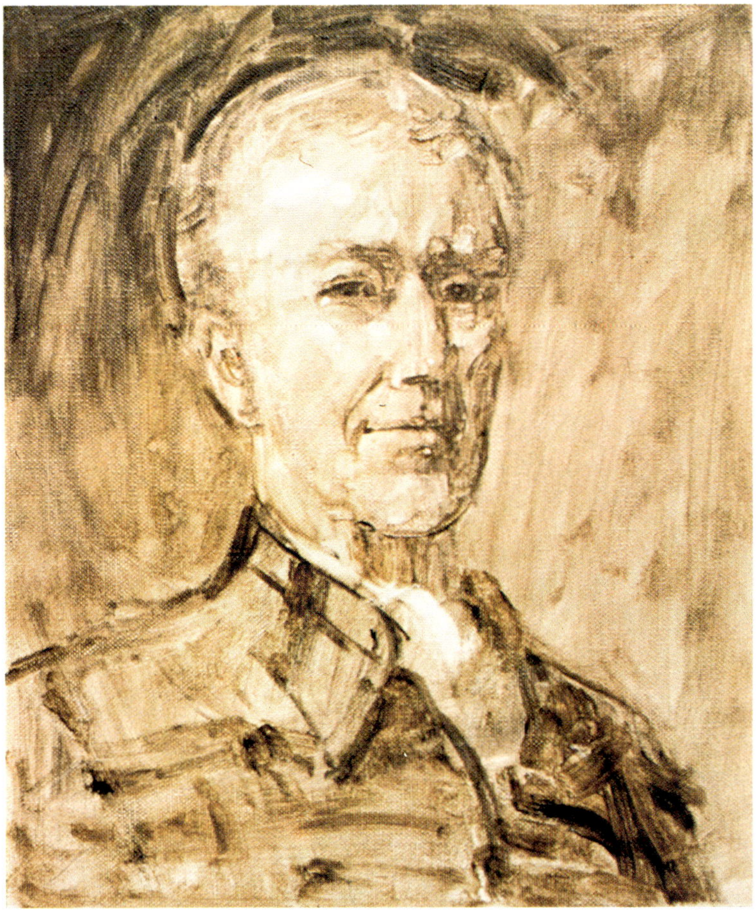

Schritt 2 Mit einem breiten Borstenpinsel tönen Sie den Hintergrund in grober Strichführung mit Umbra natur, Ultramarinblau, einer Spur Chromoxydgrün feurig plus Weiß dunkler ein. Dieser dunkle Ton hebt den Kopf vom Hintergrund ab und umreißt die Konturen deutlicher. Legen Sie die Schatten mit einem kleinen Borstenpinsel und Umbra natur, Venezianischrot und Weiß an. Auf der belichteten Seite des Gesichtes ist die Augenhöhle - wie immer - heller als die Augenhöhle auf der Schattenseite des Gesichtes. Mit der Spitze eines Haar-Rundpinsels tragen Sie schmale, schattige Linien unter den oberen Augenlidern, zwischen den Lippen und im Ohr auf. Mit dem gleichen Pinsel fügen Sie die dunkle Iris mit Umbra gebrannt, Ultramarinblau und Chromoxydgrün feurig hinzu. Das Haar übergehen Sie teilweise mit Umbra gebrannt, Ultramarinblau plus Weiß. Die ersten dunklen Farbspuren mit Ultramarinblau und Umbra gebrannt werden über die Innenseite des Kragens verteilt.

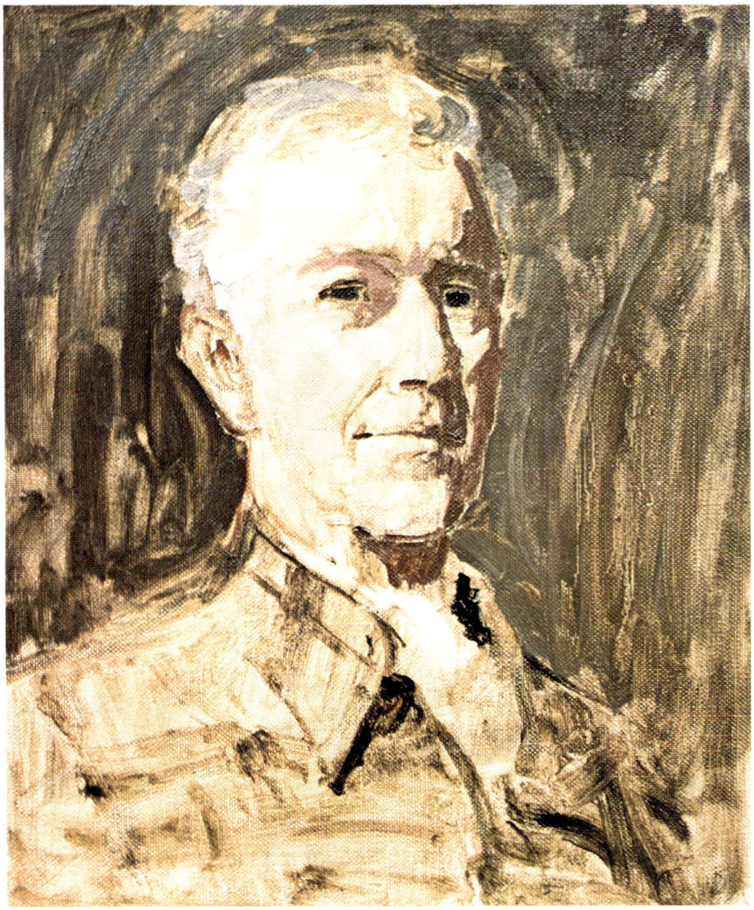

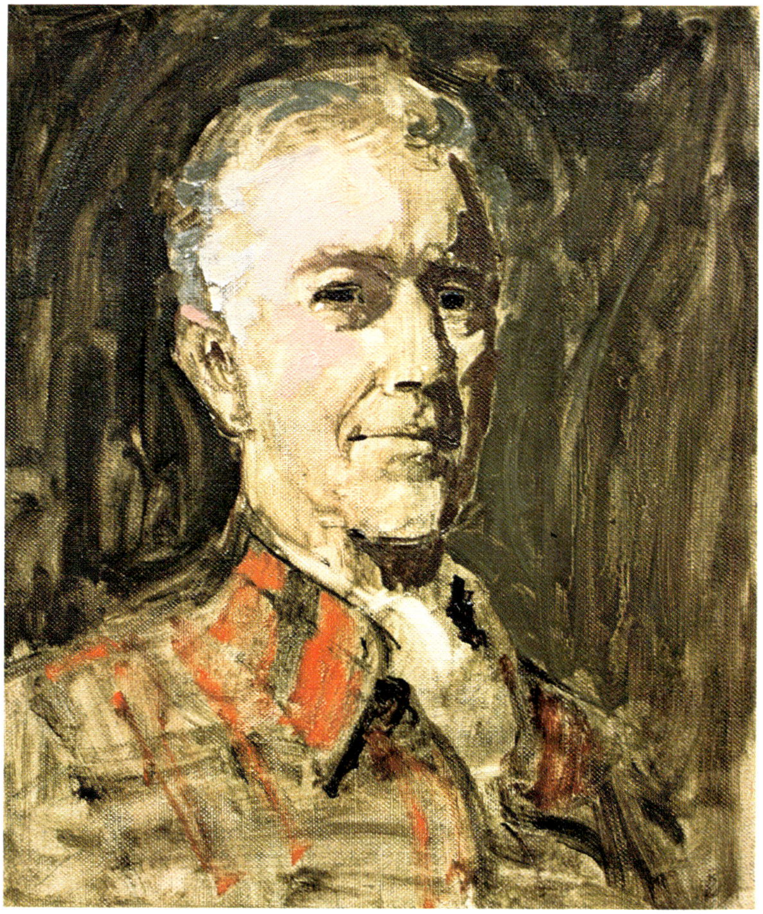

Schritt 3 In diesem Arbeitsgang arbeiten Sie die hellsten Hautpartien heraus. Mit einem Borstenpinsel schraffieren Sie eine helle Mischung aus Umbra natur, Kadmiumrot und viel Weiß. Die ersten Aufstriche erfolgen auf der am stärksten beschienenen Partie - der Stirn -, dann nehmen Sie eine etwas dunklere Mischung für die Wangenpartie. Merken Sie sich, daß die obere Kopfhälfte am stärksten beleuchtet wird und das Gesicht nach unten gehend allmählich eine Tonverstärkung erfährt. Sie sehen, daß der Schatten unter dem Kinn dunkler ist als der Schatten auf der Wange. Für den belichteten Rand des Ohres wird dem Hautton mehr Rot hinzugefügt. Kadmiumrot tönen Sie mit Siena natur an und tragen die ersten Farbspuren auf das Hemd auf.

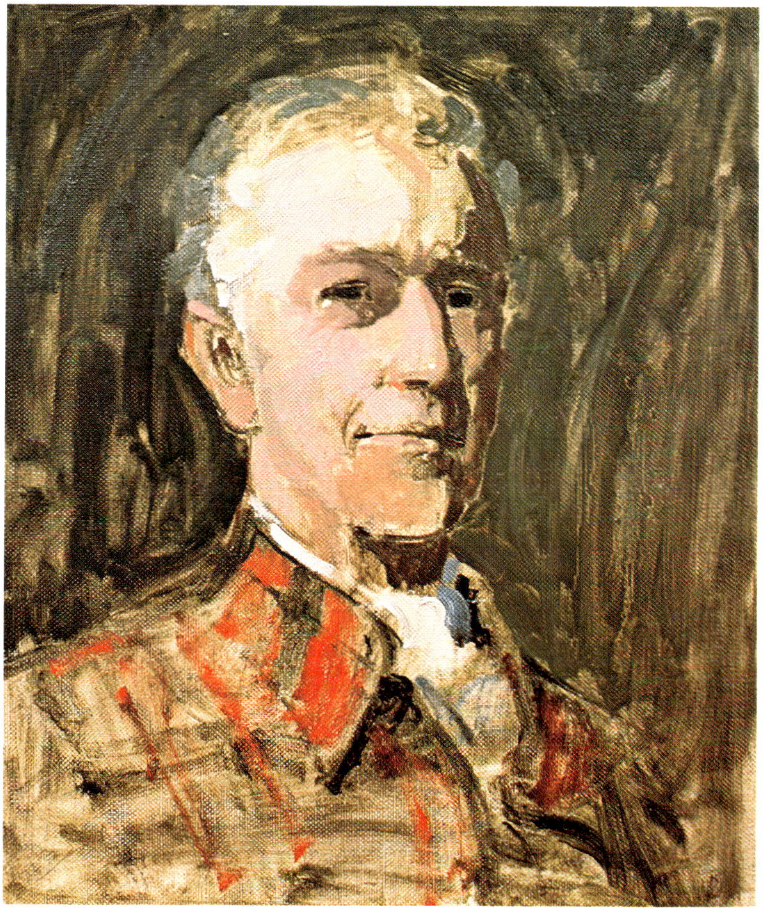

Schritt 4 Die Lichtpartien des Gesichtes werden jetzt vollständig übergangen. Wesentlich ist, daß die Lichter nicht durchgehend mit einem Ton angelegt werden, sondern mit verschiedenen Mischungen; beginnen Sie zunächst mit einem hellen Mischton für die Stirn, nehmen Sie dann einen dunkleren Ton für die Wange und einen noch dunkleren für den Kiefer, das Kinn und den Hals. Auch das Ohr ist dunkler, ebenfalls die Lichter auf der Schattenseite des Gesichtes. Für die belichtete Wange mischen Sie Umbra natur, Kadmiumrot plus Weiß. Für die etwas dunkleren Töne nehmen Sie eine Mischung aus Umbra natur, Siena natur, Venezianischrot plus Weiß. Diese Mischung dient als Mittelton zwischen den Lichtern und Schatten in der Augenhöhle auf der belichteten Seite des Gesichtes, auf dem Nasenrücken und an der Unterseite der Nase entlang. Die Kante des Kiefers wird mit mehr Umbra natur vertieft. Ein paar Aufstriche mit Weiß, angetönt mit Umbra natur, erscheinen auf dem Tuch, daneben eine Spur Kobaltblau, gedämpft mit Umbra natur plus Weiß.

Schritt 5 Tragen Sie die Halbtöne mit einer helleren Version der Schattenmischung auf – Umbra natur, Venezianischrot plus mehr Weiß. Sie können einen großzügig aufgetragenen Halbton zwischen den Licht- und Schattenpartien auf der Stirn erkennen und verschiedene Zwischentöne um Mund, Kinn, Kiefer und Hals herum. Mit einem kleinen Borstenpinsel beginnen Sie, die Zwischentöne in die Schatten auf der dunklen Seite des Gesichtes und in den Augenhöhlen hineinzumalen. Ein Hauch Kadmiumrot wird hinzugefügt, um die Ohrmulden zu malen, die Augen-, Nasen- und Mundwinkel auf der belichteten Seite des Gesichtes und die Kiefer- und Kinnkanten. Spuren dieses warmen Tons erscheinen auch auf der schattigen Wange. Der hellen Hautmischung fügen Sie mehr Kadmiumrot hinzu, um der belichteten Seite der Nase und der Wange einen Hauch von Wärme zu geben.

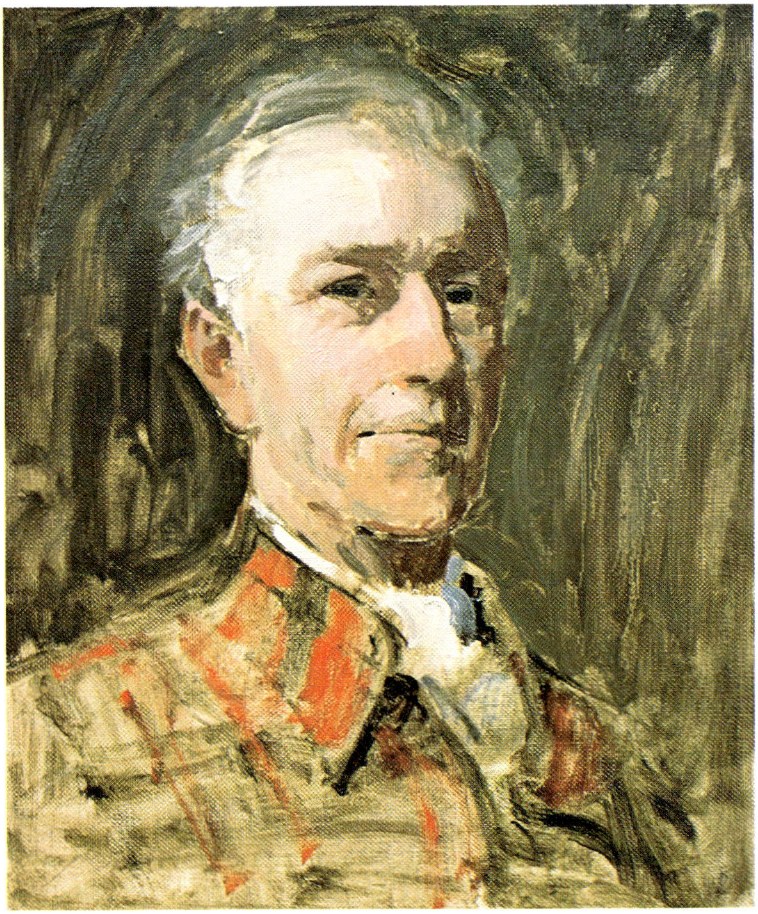

Schritt 6 Der Hintergrund wird mit einem gleichmäßigeren Ton aus Umbra gebrannt, Ultramarinblau, Chromoxydgrün feurig und einer eben erkennbaren Spur Weiß gemalt. Jetzt besteht ein sehr viel stärkerer Kontrast zwischen dem dunklen Hintergrund und der belichteten Seite des Gesichtes, die sich jetzt drastischer von der Dunkelheit abhebt. Die Aufstrichränder des Haares werden weich in den Hintergrund übergehend gemalt und dem Haar mehr Lichter mit Ultramarinblau, Umbra gebrannt und Weiß hinzugefügt. Fahren Sie fort, die Lichter, Zwischentöne und Schatten auf der dunklen Seite des Gesichtes zu verwischen. Die Streifen des Hemdes werden mit verschiedenen Mischungen aus Kadmiumrot, Siena natur und Umbra natur gemalt; variieren Sie die Mengenbeigaben für die mal leuchtender und mal matter werdenden Streifen. Mengen Sie dieser Mischung mehr Umbra natur für die stumpfen Streifen, die dunklen Flecken und die Schattenseite des Hemdes hinzu. Mit einem spitzen Pinselstiel kratzen Sie ein paar helle Linien in die nasse Farbe.

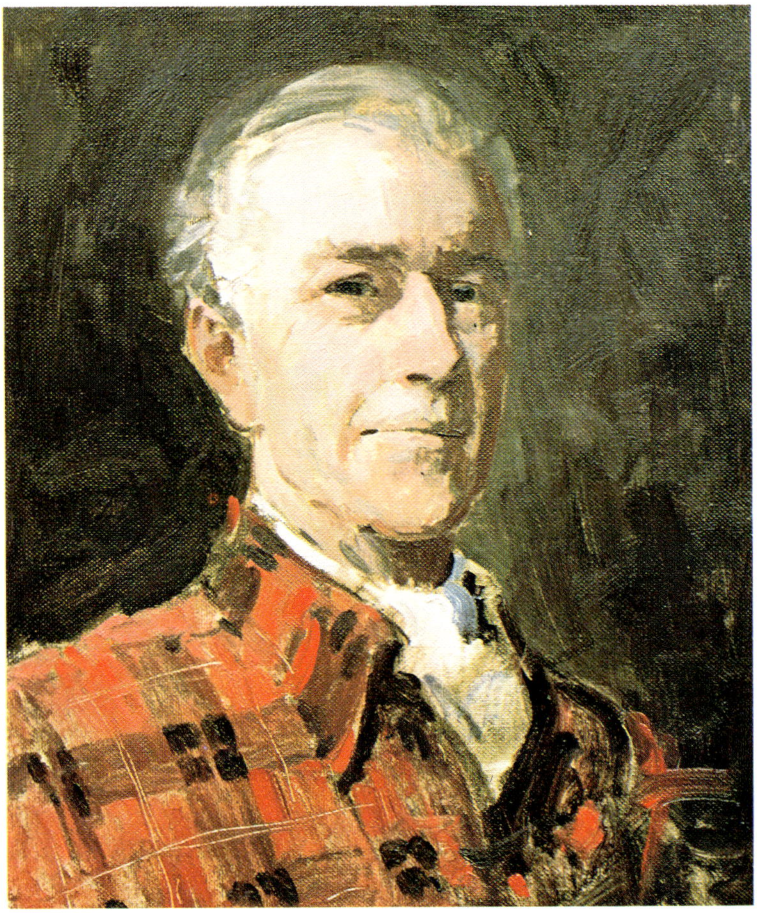

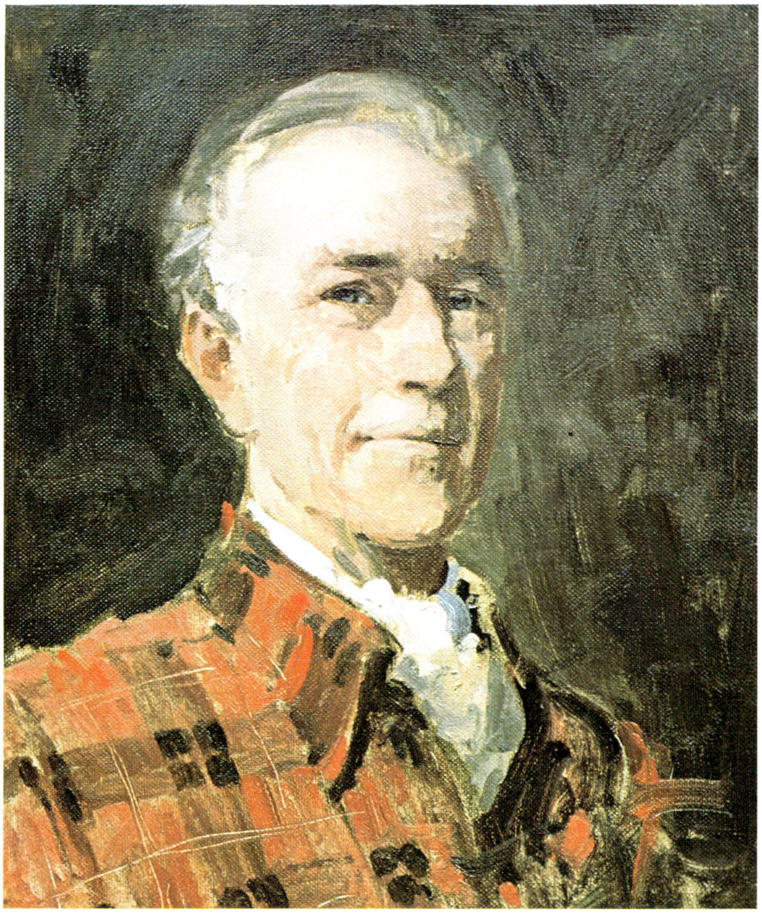

Schritt 7 Mit einem kleinen Borstenpinsel stimmen Sie die Farben des Gesichtes in zügiger, ausgeprägter Strichführung ab, die die wettergegerbten Gesichtszüge dieses markanten Kopfes zum Ausdruck bringt. Dem vorherrschenden Hautton geben Sie mehr Weiß bei, um die Lichter auf Stirn, Wange, Nase, Oberlippe und Kinn anzulegen. Für die wärmeren, dunkleren Farbspuren fügen Sie dieser Mischung mehr Umbra natur und Venezianischrot hinzu. Die Lichter und Dunkelheiten der Augenhöhlen werden deutlicher umrissen. Bei genauer Betrachtung können Sie erkennen, wo kalte Farbspuren (zarte Aufstriche mit Kobaltblau, gedämpft mit Umbra natur und Weiß) in den Schatten und auf dem belichteten Unterkiefer erscheinen. Die Augenbrauen werden mit Umbra gebrannt und Ultramarinblau dunkler gemalt. Mit einem kleinen Pinsel gestalten Sie die Mundwinkel und den -spalt wärmer und weicher.

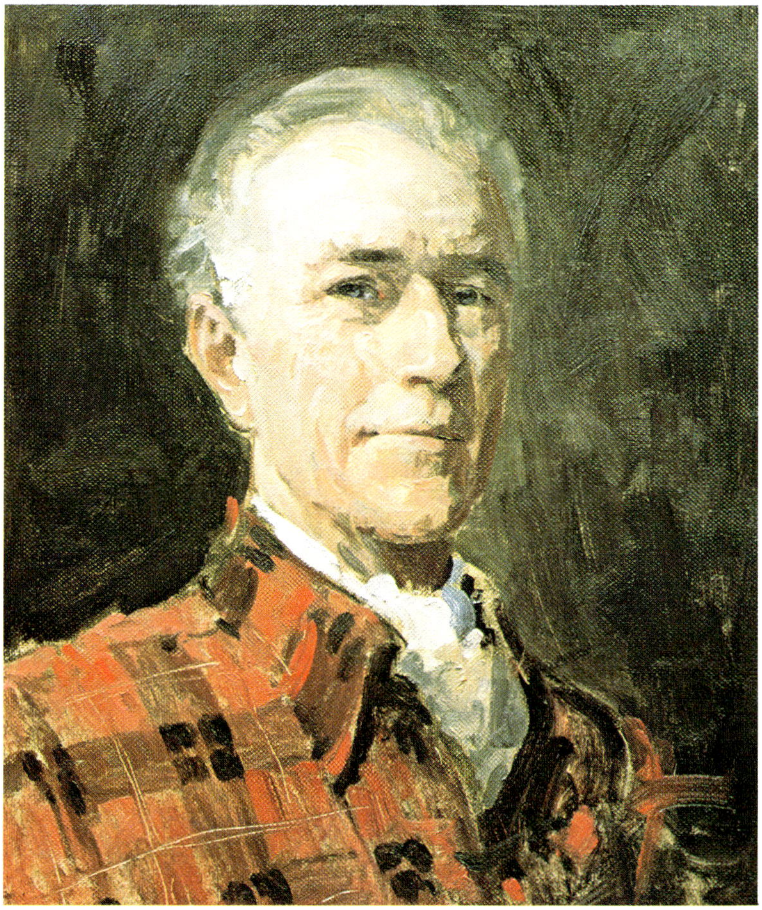

Schritt 8 Mit einem kleinen Borstenpinsel legen Sie noch einmal die Lichter mit dicker, sahniger Farbe an, die Sie mit Malmittel zu einer geschmeidigen Konsistenz verdünnt haben. Diese dicken Aufstriche können Sie an der Stirnkante erkennen, wo die Form am stärksten beleuchtet wird, am Nasenrücken entlang und weiter unten am Nasenloch, auf den belichteten Wangenpartien, um Lippen und Kinn herum und am Ohr. Diese Farbspuren lassen die Form unmerklich ins Licht treten und den Kopf dreidimensional erscheinen.

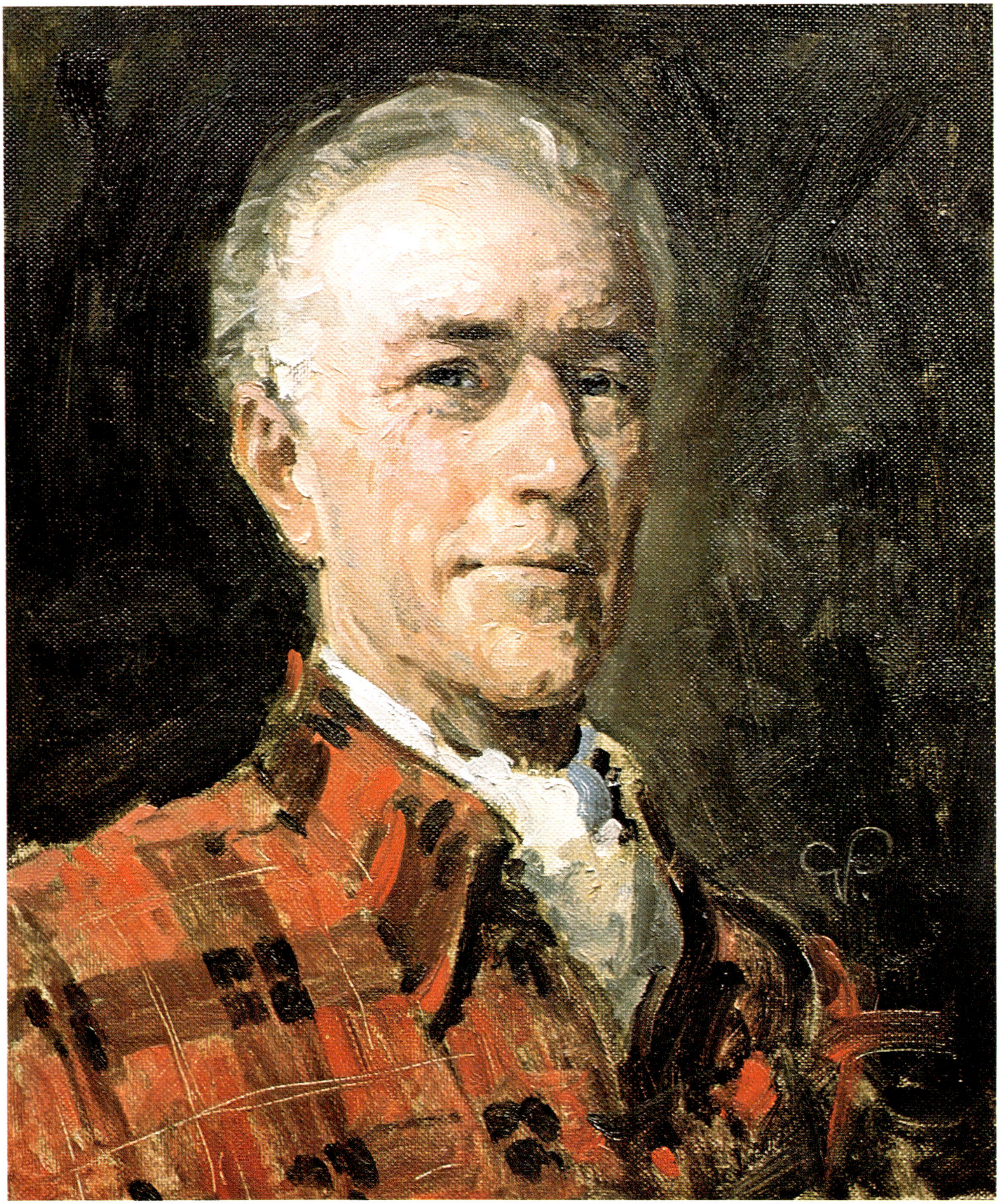

Schritt 9 In diesem letzten Arbeitsgang sehen Sie die letzten feinen Details zur Durcharbeitung des Porträts. Der Ton für das Weiße des Auges enthält Kobaltblau, ebenso die dunklen Töne um die Pupillen herum. Spuren dieses kalten Tons finden Sie auch in den Schatten und Zwischentönen. Dick aufgetragene Glanzlichter verleihen der Stirn, dem belichteten Winkel der Augenhöhle, der Nasenspitze, den Lippen und dem Kinn Leuchtkraft. Diese Glanzlichter sind reines Weiß, angetönt mit einem Hauch des Hauttons. Der Hintergrund wird an der belichteten Seite des Kopfes dunkler eingetönt, um die Leuchtkraft der Hautfarbe zu erhöhen. An der dunklen Seite des Kopfes dagegen wird er aufgehellt, damit die schattige Rundung weich in die Dunkelheit übergeht. Spuren von Venezianischrot lassen die Schatten wärmer erscheinen.

Das Bestimmen der Pose Die in diesem Buch gezeigten Malbeispiele werden von Berufsmalern mit „Kopf- und Schulterporträts“ bezeichnet und sind im wesentlichen eine vergrößerte Wiedergabe des zu porträtierenden Gesichtes. Auf den ersten Blick mag es vielleicht einfach erscheinen, die Pose für ein solch simples Porträt zu bestimmen, aber es gibt mehr Möglichkeiten, als Sie denken. Versuchen Sie vor allem, eine Pose zu finden, die natürlich wirkt und nicht gezwungen aussieht. Bitten Sie das Modell, den Kopf nach links oder rechts zu wenden. Lassen Sie das Modell sich drehen - oder gehen Sie um das Modell herum -, bis Sie die schmeichelhafteste Ansicht gefunden haben. Einige Modelle wirken (und fühlen sich) entspannter, wenn sie die Arme aufstützen oder sich anlehnen, während andere eine gerade Haltung vorziehen.

So finden Sie die vorteilhafteste Ansicht Porträtmodelle wollen gewöhnlich von ihrer besten Seite gemalt werden. Sie wollen möglichst attraktiv aussehen. Es gibt Porträtmaler, die ohne zu zögern eine große Nase kleiner und ein schmales Kinn breiter malen oder einen wenig ausgeprägten Kiefer eckiger darstellen. Andere Maler halten dies für „unehrlich“. Es bleibt Ihnen überlassen, ob Sie Ihrem Modell - durch Neuformung des Gesichtes - schmeicheln wollen. Eine große Nase wirkt noch größer, wenn Sie den Kopf etwas von oben malen - und kleiner, wenn Sie das Modell bitten, das Kinn anzuheben. Dieselbe Nase sieht im Profil oder in der Dreiviertelansicht vielleicht unattraktiv aus, kann aber auffallend hübsch werden, wenn Sie das Modell von vorn betrachten. Ist ein weibliches Modell besonders stolz auf seine prächtigen Haare, malen Sie es etwas von oben; diese Ansicht unterstreicht auch die Augen und läßt das Kinn zurücktreten.

Das Ausruhen des Modells Sie kommen beim Porträtieren besser voran, wenn Ihr Modell entspannt bleibt und unterhalten wird. Wenn Ihr Modell fernsieht, eine Rundfunksendung oder eine Schallplatte hört, kommt nicht nur weniger Langeweile beim Modellsitzen auf, sondern Ihr Modell wirkt auch lebhafter. Denn wenn Ihr Modell müde ist und sich langweilt, ist es schwierig, diesen Zug aus dem Porträt zu bannen. Ein ungezwungenes Gespräch während der Sitzung ist eine ausgezeichnete Methode, das Modell abzulenken. Das Modell sieht Sie dabei mit einem lebhaften Ausdruck an, der das Porträt belebt. Viele Berufsmaler plazieren einen großen Spiegel hinter sich, damit das Modell die Aufbauphasen des Porträts mitverfolgen kann - ein Vorgang, der faszinierender ist als jede Fernsehsendung!

Das Experimentieren mit der Beleuchtung Die allgemein übliche Porträtbeleuchtung wird Dreiviertelbeleuchtung genannt, bei der das Licht nicht von vorn auf das Gesicht fällt, sondern etwas von der Seite. Das Gesicht ist überwiegend belichtet, aber klar umrissene Schattenpartien auf Braue, Wange, Kiefer und Nase entstehen. Man spricht hier oft von „Formbeleuchtung“, weil die dreidimensionale Form des Gesichtes betont wird. Andererseits werden Sie gelegentlich die Weichheit und Zartheit des Gesichtes durch Vorderbeleuchtung betonen wollen. Wenn das Licht von vorn und nicht von der Seite auf das Gesicht fällt, schmelzen die Schatten dahin, werden strenge Gesichtszüge weicher und treten Falten in den Hintergrund. Rücken Sie Ihr Modell nahe ans Licht, dann weiter weg, lassen Sie es ins Licht sehen und sich vom Licht abwenden - um zu sehen, welche verschiedenen Lichteffekte Sie auf dem Gesicht Ihrer Modelle erzielen.

Das Anfertigen von Vorzeichnungsskizzen Beim Studieren verschiedener Posen, Winkel und Beleuchtungsarten ist das Anfertigen rascher Bleistiftskizzen all dieser Möglichkeiten von Nutzen. Das brauchen keine Zeichnungen zu sein, die fein ausgeführt und durchgebildet sind oder sogar Ähnlichkeit mit dem Modell haben; sie erfassen lediglich die verschiedenen Wahlmöglichkeiten. Breiten Sie die Zeichnungen aus und wählen Sie die, die sich für ein endgültiges Porträt am meisten anbietet. Manche Künstler fangen nach der Wahl der besten Skizze sofort mit dem Malen an, während andere es vorziehen, weitere Zeichnungen - oder eine rasche Ölskizze - des Modells anzufertigen. Das mag nach zusätzlicher Arbeit aussehen, aber viele Berufsmaler halten dies für den kürzeren Weg. Beim Anfertigen dieser Studien muß der Künstler sich so eingehend mit den Gesichtskonturen befassen, daß er bei der endgültigen Malerei bedenkenlos vorgehen kann.

Ein paar letzte Tips Frauen bestehen oft kurz vor der Sitzung auf einen Friseurbesuch. Die frisch gemachten Haare können steif und unnatürlich wirken, was sehr viel unattraktiver aussieht, als das Modell denkt. Bitten Sie das Modell, ein oder zwei Tage vor der Sitzung zum Friseur zu gehen, damit das Haar weicher und natürlicher wird. Wenn Ihr Modell direkt vom Friseur aus ins Studio kommt, bitten Sie es höflich, mit den Fingern oder dem Kamm das Haar aufzulockern. Bitten Sie Ihr Modell, sich einfach zu kleiden, vorzugsweise einfarbig oder in zurückhaltenden Mustern. Überladener Schmuck und grelle Farben, die die Aufmerksamkeit vom Gesicht ablenken, sollte Ihr Modell vermeiden. Fordern Sie Ihr Modell nicht zum Lächeln auf; niemand hat die Ausdauer, ein Lächeln für die gesamte Zeit des Porträtierens beizubehalten. Lassen Sie Ihr Modell alle 20 bis 30 Minuten ausruhen - einen Spaziergang, eine Pause machen oder eine Kleinigkeit essen.

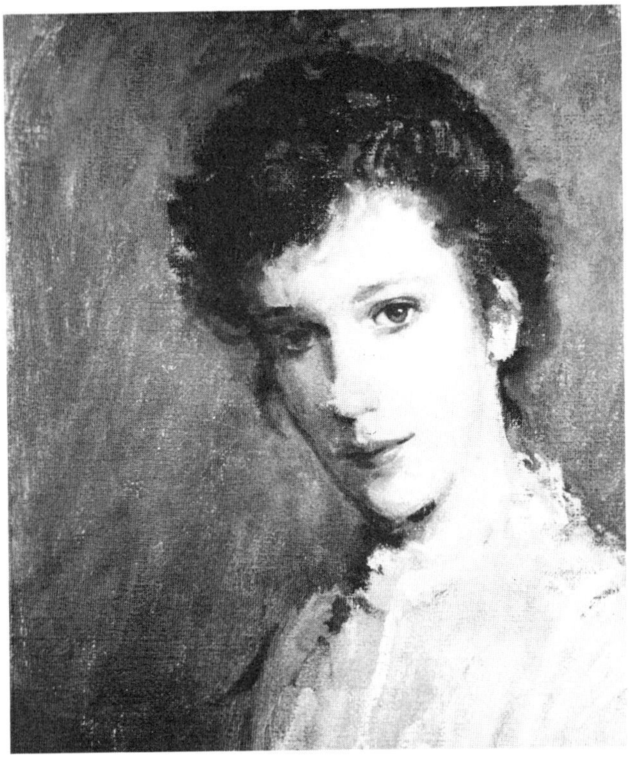

Falsch: Ordnen Sie den Kopf nicht zu weit nach einer Seite hin an, so daß der Raum davor zu groß und dahinter zu klein wirkt.

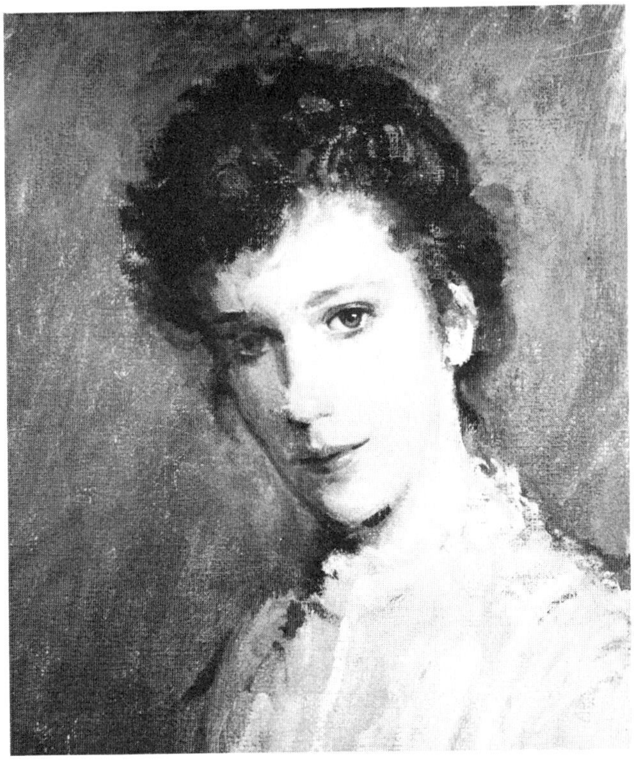

Richtig: Ordnen Sie den Kopf so an, daß der Raum vorn nur etwas größer ist als der Raum hinten. Wirkungsvoll ist das Anordnen des Kopfes etwas links oder rechts von der Bildmitte.

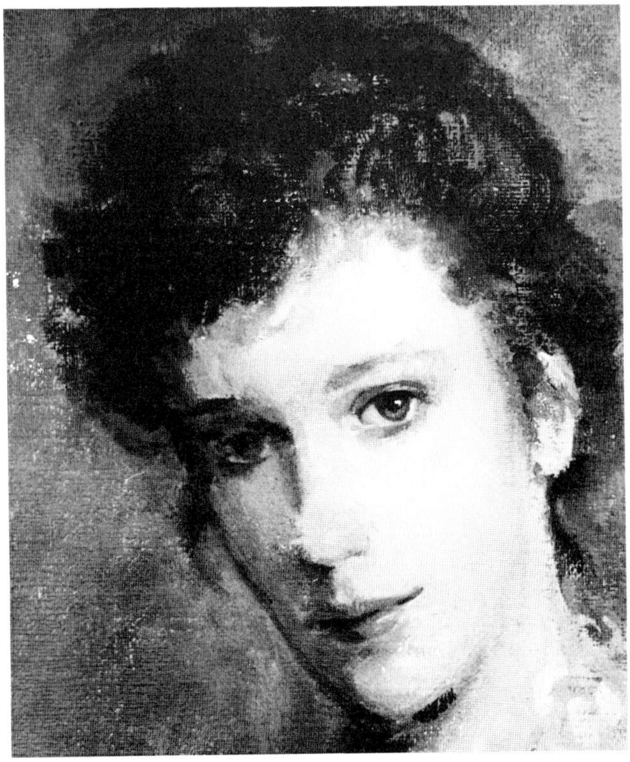

Falsch: Drängen Sie den Schädel nicht gegen den oberen Bildrand und lassen Sie das Kinn nicht auf dem unteren Bildrand ruhen.

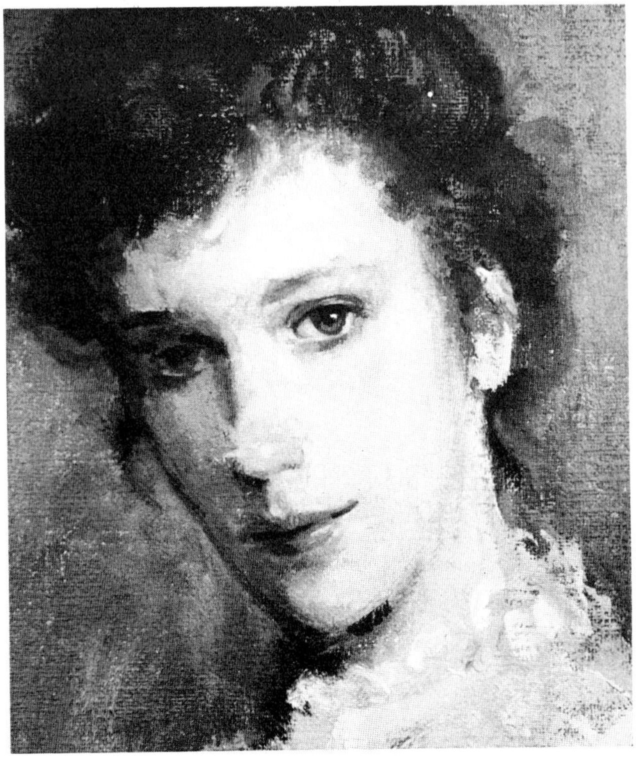

Richtig: Halten Sie einen größeren Abstand unter dem Kinn ein und zögern Sie nicht, am oberen Bildrand etwas vom Haar wegzulassen. Das Porträt scheint großzügiger.

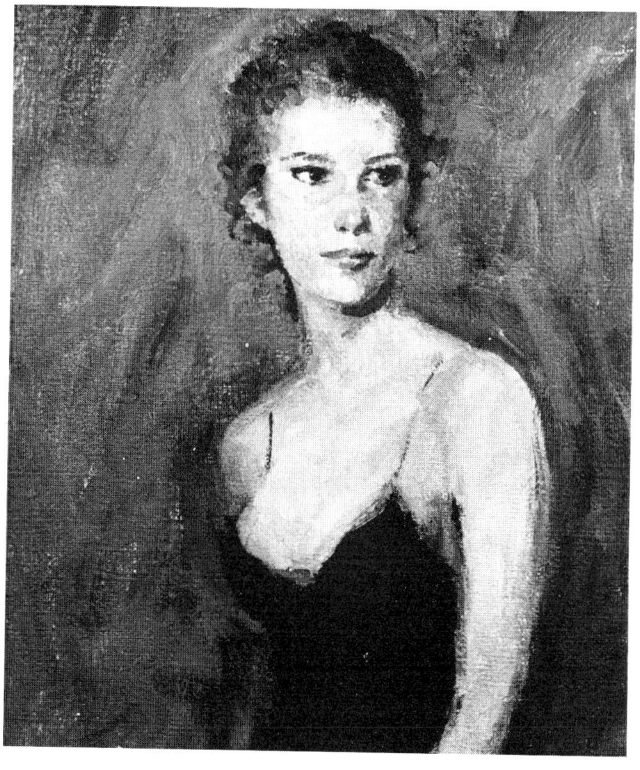

Falsch: Füllen Sie die Leinwand nicht zu sehr aus, wenn Sie ein Modell bis zur Taille darstellen. Auch hier ist das Porträt zu nah am oberen Bildrand und zu nah rechts angeordnet, wodurch der Raum vor der Figur zu groß wird.

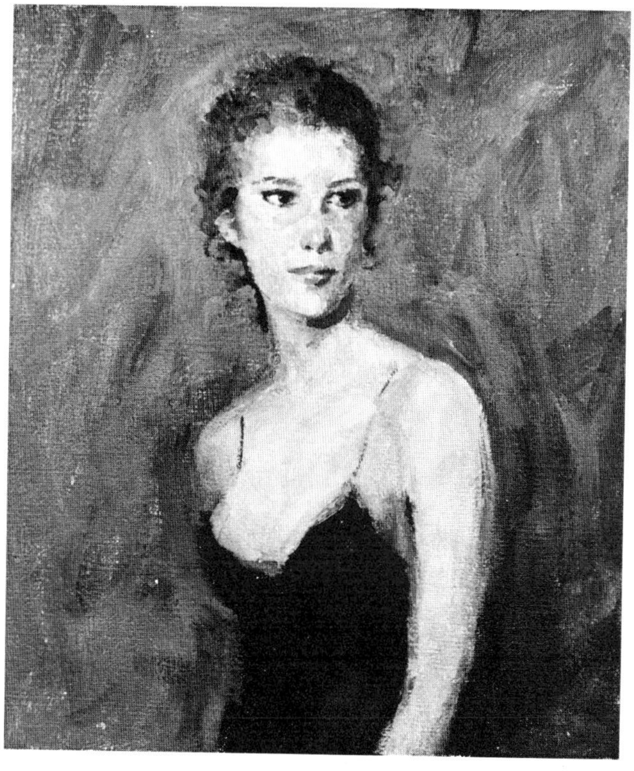

Richtig: Halten Sie genug Abstand zwischen Kopf und oberem Bildrand ein und sorgen Sie für eine ausgewogene Anordnung der Figur. Jetzt ist der Raum vor der Figur nur etwas größer als der Raum hinter der Figur.

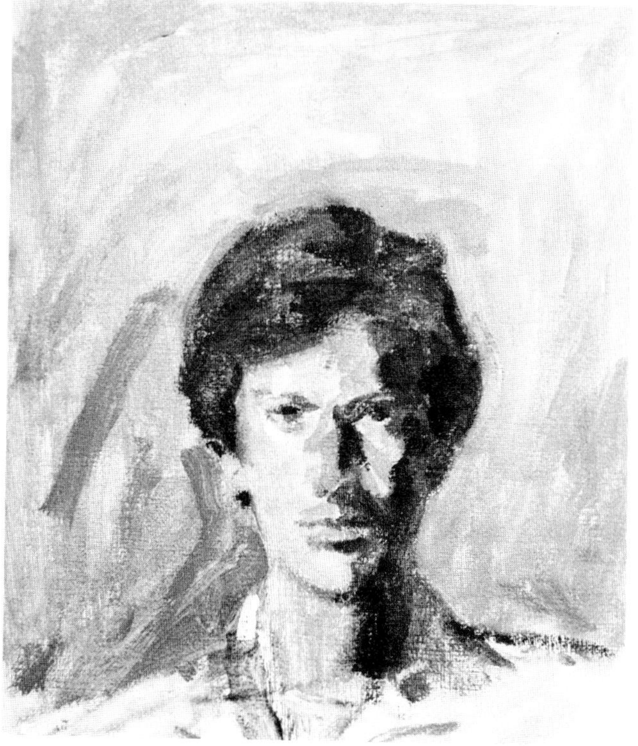

Falsch: Ordnen Sie den Kopf nicht zu weit vom oberen Bildrand entfernt an, wodurch der Raum zu beiden Seiten zu groß wird.

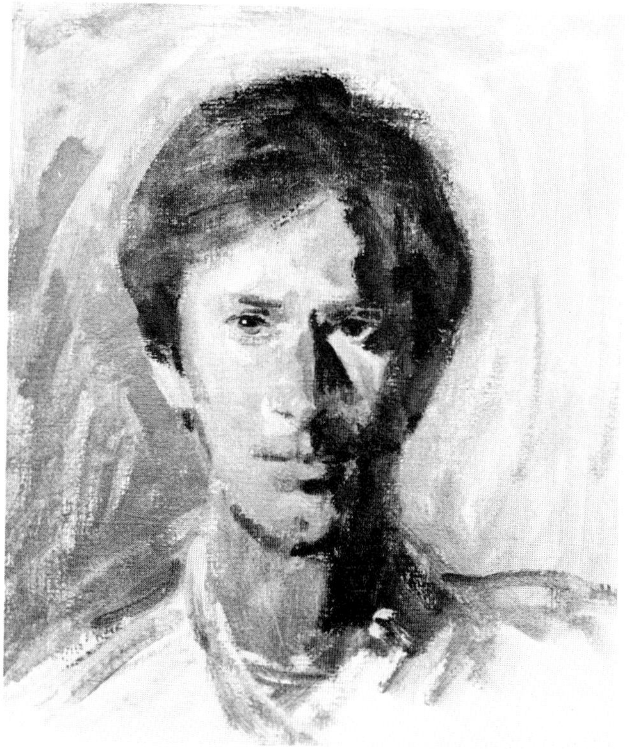

Richtig: Bringen Sie mehr Kopf auf die Bildfläche und halten Sie zum oberen Bildrand und zu beiden Seiten einen angemessenen Abstand ein.

Dreiviertelbeleuchtung Die Dreiviertelbeleuchtung, manchmal auch Formbeleuchtung genannt, wird von den meisten Porträtmalern bevorzugt. Das Licht fällt von der Seite und etwas von vorn auf das Gesicht. Sie stehen dabei an der Staffelei, dem Modell gegenüber, und das Licht fällt über Ihre linke Schulter, belichtet etwa drei Viertel des Kopfes und erzeugt dunkle Schatten auf der einen Seite an Nase, Lippen, Stirn, Wange, Kiefer, Kinn und Hals. Die Schattenseite des Gesichtes ist nicht vollständig dunkel, sondern wird in bestimmtem Umfang auf Wange und Kiefer belichtet. Porträtmaler ziehen diese Beleuchtungsart vor, weil die Licht- und Schattengrenzen klar umrissen sind und so die Formen plastischer erscheinen. Auch beim Haar besteht eine deutliche Grenze zwischen Licht und Schatten.

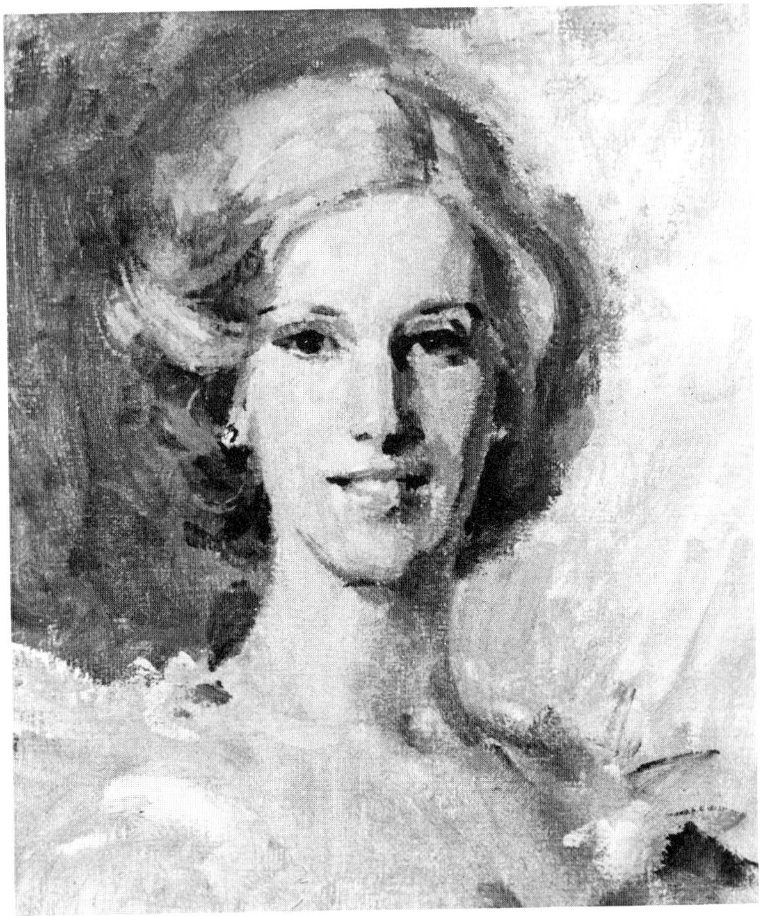

Dreiviertelbeleuchtung Hier ist ein weiteres Beispiel für eine Dreiviertelbeleuchtung, aber diesmal haben Sie Licht von rechts. Die Lichtquelle ist etwas weiter seitlich angeordnet und erzeugt tiefere Schatten auf der dunklen Seite des Kopfes. Im Gegensatz zum Frauenporträt oben sind die Augenhöhlen dunkler und die Schatten auf der einen Seite an Nase, Mund und Kinn breiter. Auch auf der belichteten Seite ist die Augenhöhle im Schatten, der aber nicht so tief wie auf der dunklen Seite des Gesichtes ist. Diese dunklen Schatten schmeicheln besonders einem männlichen Modell.

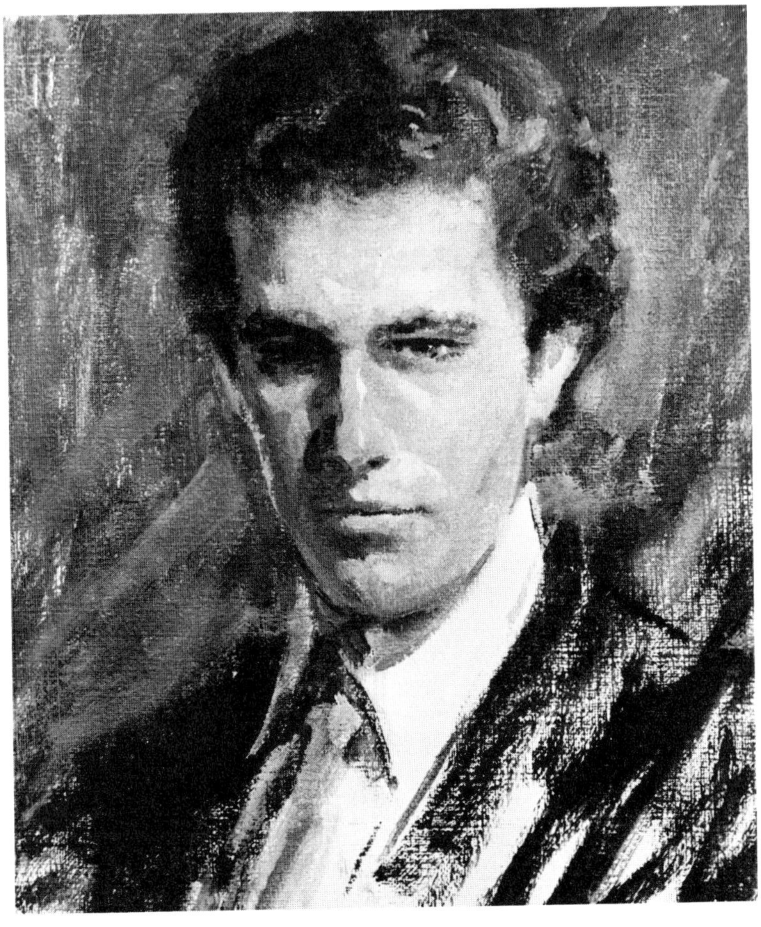

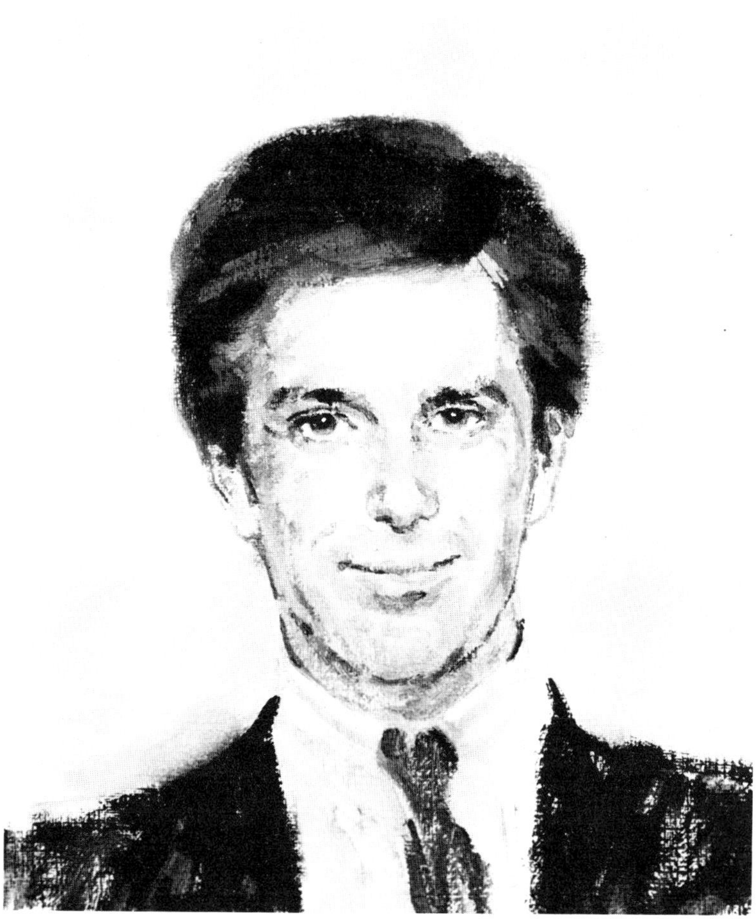

Vorderbeleuchtung Wenn das Licht genau von vorn auf das Gesicht fällt, spricht man von einer Vorderbeleuchtung. Sie stehen dabei an der Staffelei, dem Modell gegenüber, und es ist, als ob Ihr eigenes Gesicht die Lichtquelle wäre, die auf das Modell gerichtet ist. Die Vorderbeleuchtung leuchtet das Gesicht weich und gleichmäßig mit minimaler Schattenbildung aus. Die Schattenpartien des Kopfes sind nur etwas dunkler als die Lichtpartien. Die Dunkelheiten sind die Gesichtszüge selbst: die Augenbrauen, Augenlider, Augen, Nasenlöcher und Linien der Lippen. Die Vorderbeleuchtung ist besonders wirkungsvoll, wenn Sie Falten und Unregelmäßigkeiten des Gesichtes mindern wollen.

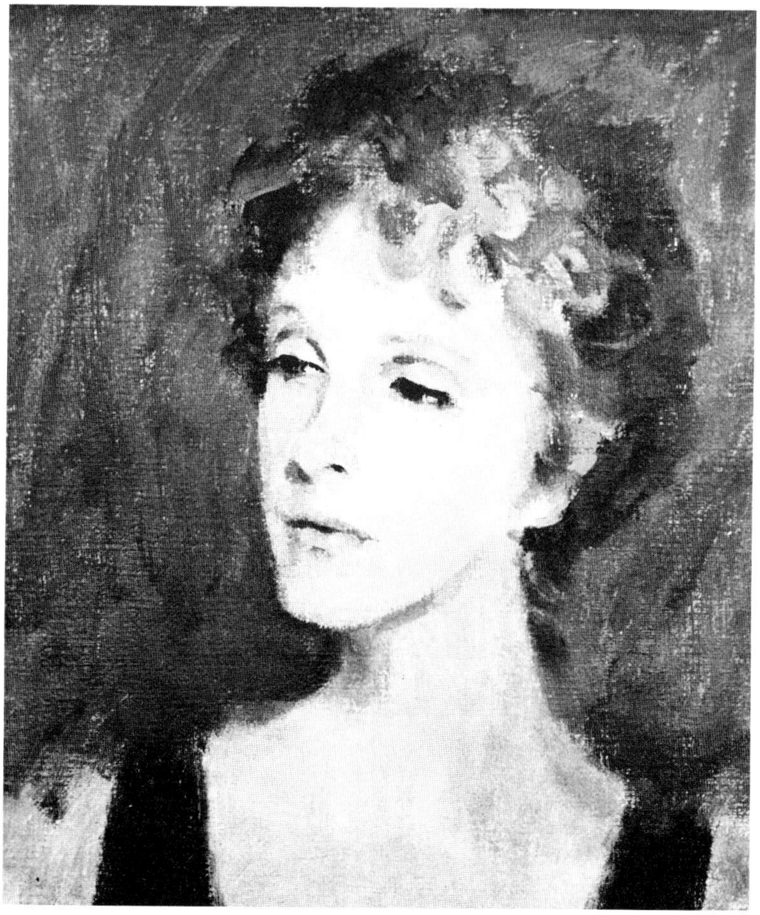

Vorderbeleuchtung Wenn das Modell seinen Kopf wendet, erzeugt die Vorderbeleuchtung etwas mehr Schatten. Ein Anflug von Schatten erscheint in den Augenhöhlen, neben der Nase, um die Lippen herum und unter dem Kinn. Diese Schatten sind jedoch kaum wahrnehmbar und nicht viel dunkler als die Lichter. Das Gesicht erscheint noch hell, weich und gleichmäßig beleuchtet. Die Vorderbeleuchtung schmeichelt besonders einem weiblichen Modell und betont seinen weichen, zarten Teint. Der dunkle Hintergrund erhöht die Leuchtkraft seiner Haut.

Seitenbeleuchtung Wenn das Licht von der Seite auf das Gesicht fällt - als ob das Modell am Fenster säße -, teilt sich das Gesicht in gleichmäßige Licht- und Schattenpartien auf. Deshalb spricht man auch manchmal von einer Halb-und-Halb-Beleuchtung. Bei der Vorderansicht teilt die Nase das Gesicht in zwei Hälften: Auf der einen Seite der Nase ist das Gesicht hell beleuchtet, auf der anderen Seite tief beschattet. Ein Anflug von Licht erscheint hin und wieder - wie Sie in der Abbildung sehen können - auf der Wange, die sich im Schatten befindet. Die Seitenbeleuchtung stellt ein Modell, das einen strengen Haarschnitt und scharfe Gesichtszüge hat, ausdrucksvoller dar.

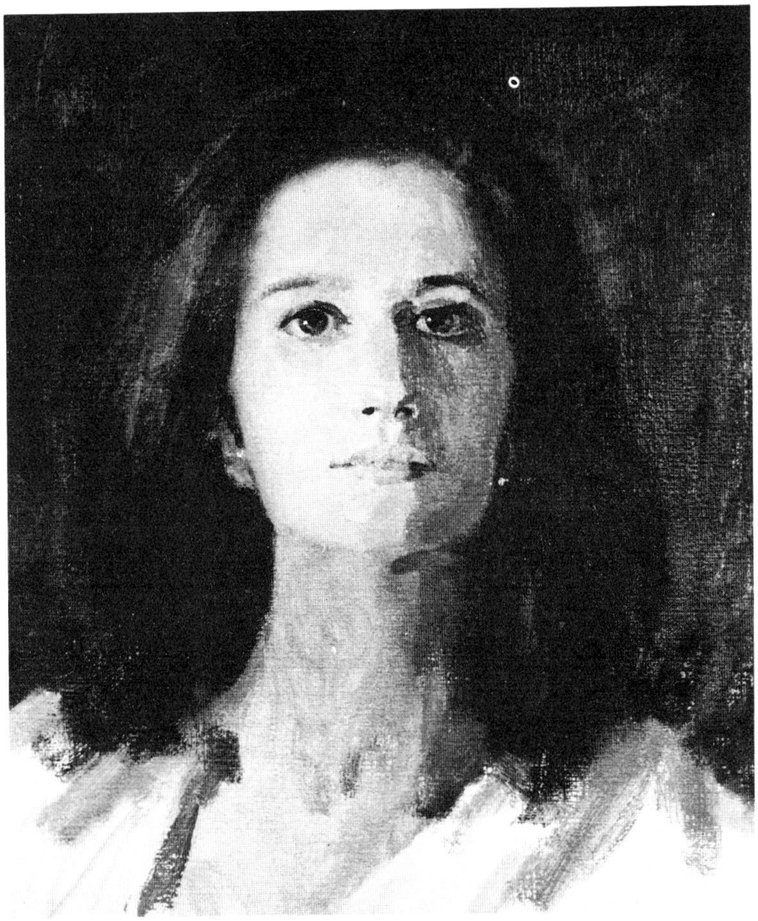

Seitenbeleuchtung Bei Wendung des Kopfes verändert sich die Licht- und Schattenverteilung. Auch hier ist die Nase die Trennungslinie, aber es entstehen mehr Schatten auf Stirn, Kinn und Hals. Im Grunde genommen ist mehr Schatten als Licht auf diesem Gesicht. Innerhalb der tiefen Schatten sind noch subtile Tonabweichungen zu erkennen: dunkle Flecken um Augen, Nase und Mund herum und ein Anflug reflektierten Lichtes auf der Wange. Licht wird oft von einer reflektierenden Oberfläche, wie beispielsweise einer weißen Wand, zurückgeworfen und fügt der Schattenseite des Gesichtes Leuchtkraft hinzu.

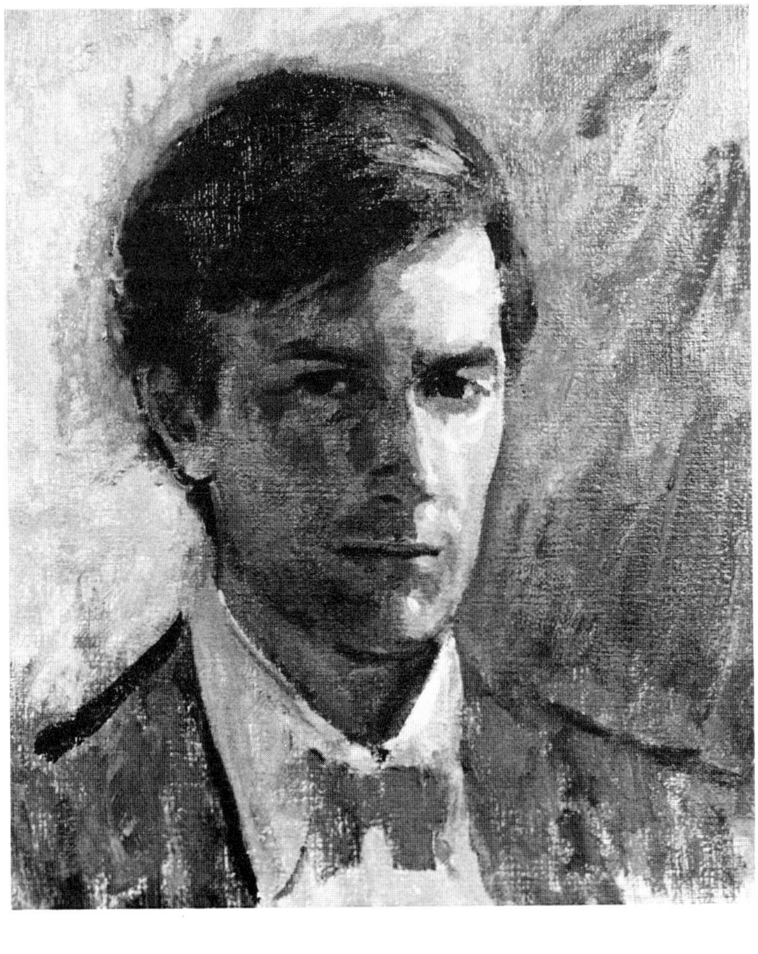

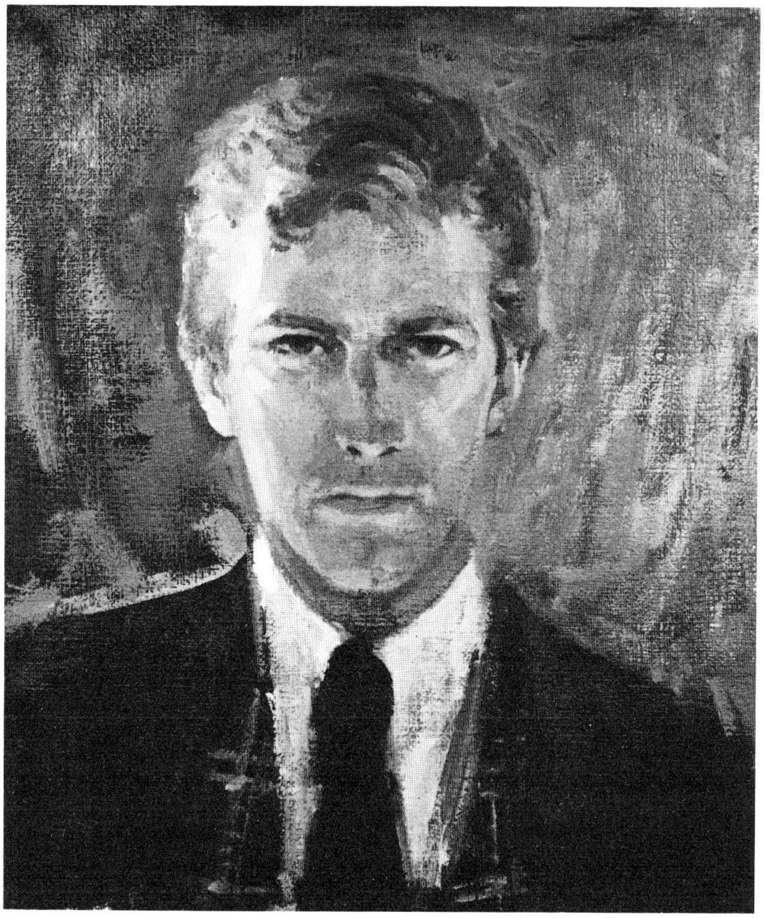

Randbeleuchtung Wenn die Lichtquelle hinter den Schultern des Modells ist, befindet sich das Gesicht überwiegend im Schatten. Etwas Licht erhellt im allgemeinen jedoch eine Seite des Gesichtes; deshalb sprechen wir hier von einer Randbeleuchtung. In dieser Abbildung streift das Licht den äußersten Rand der Stirn, der Wange, des Ohres und des Kiefers. Die anderen Teile des Gesichtes sind im Schatten, das heißt aber nicht, daß das Gesicht vorn pechschwarz ist. Im Gegenteil, es weist Tonschwankungen auf, die die Gesichtszüge umreißen. Bei der Randbeleuchtung erscheinen die Lichter und Schatten dort, wo man sie nicht erwartet, daher müssen Sie den Kopf eingehend studieren. Dieser Kopf überrascht Sie, weil er von unten reflektiertes Licht aufnimmt. Das bedeutet, daß Licht auf die Unterlider, die Unterseite der Nase und die Oberlippe fällt - was ganz das Gegenteil einer „normalen" Verteilung von Licht und Schatten ist. Die Randbeleuchtung verleiht dem Gesicht des Modells etwas Geheimnisvolles.

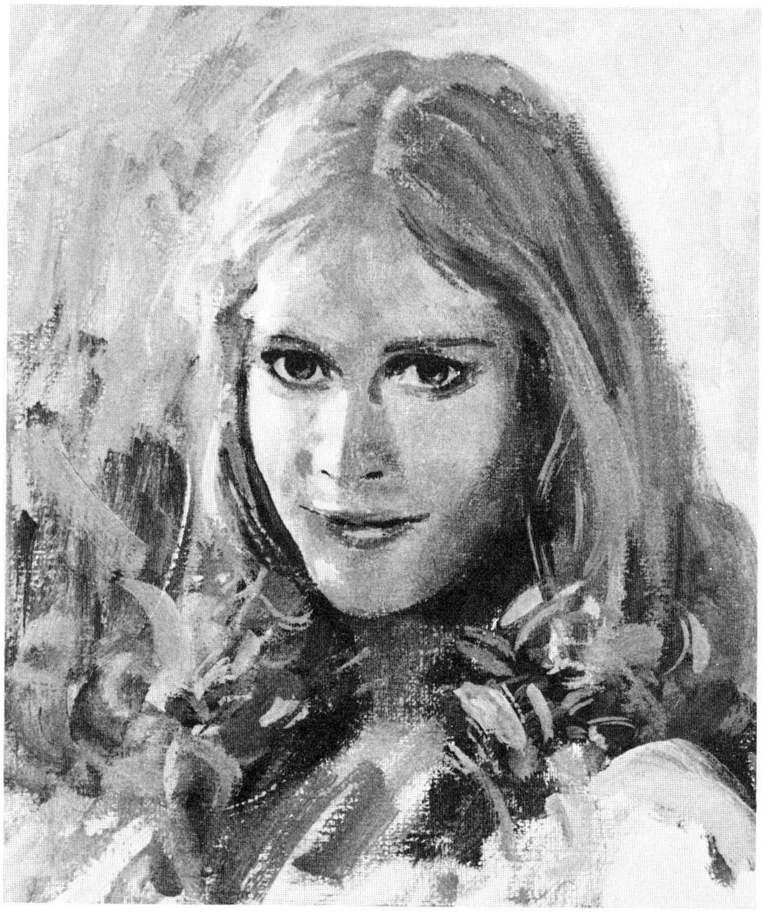

Randbeleuchtung Wenn das Modell sich mit dem Gesicht zur Lichtquelle wendet, werden neben dem Gesichtsumriß Nase, Oberlippe und Kinn beleuchtet. Durch die Randbeleuchtung muß das Gesicht nicht düster und ernst aussehen, wie es bei dem männlichen Kopf oben der Fall ist. Dieser Lichteffekt kann auch weich und zart sein, wenn ein geringer Kontrast zwischen Licht und Schatten vorhanden ist. Eine zarte Randbeleuchtung kann besonders einem weiblichen Kopf schmeicheln. In dieser Abbildung sind die einzigen tiefen Dunkelheiten die Augen und der Mund, die besonders anziehend wirken im Vergleich mit dem hellen Schattenton, der das Gesicht überwiegend bedeckt.

Schritt 1 Ein mit Bleistift gezeichnetes Porträt beginnt mit ein paar Strichen für die Umrisse des Kopfes, des Haares, des Halses und der Schultern. Eine senkrechte Mittelachse teilt den Kopf. Waagerechte Linien werden durch die Mittelachse gezogen, um die Lage der Augen, der Nase und des Mundes zu bestimmen. Ein paar kürzere Linien umreißen die Gesichtszüge.

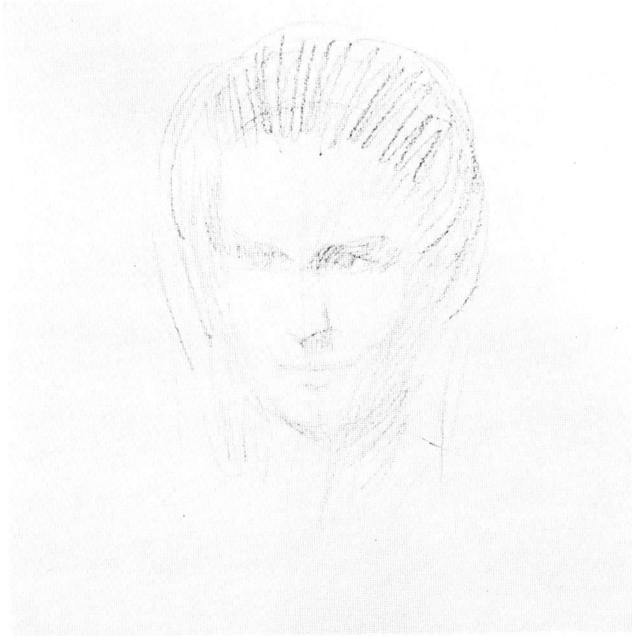

Schritt 2 Mit dem Bleistift ausgeführte helle, parallele Linien deuten die Töne des Haares und der Schatten an. Die Augenhöhlen werden schattig gemalt und die Formen der Augen sorgfältig gezeichnet. Deuten Sie Schatten unter der Nase, neben dem Nasenloch und unter der Ober- und Unterlippe an. Ein breiter Schattenton wird rechts von oben nach unten gehend über Kopf und Hals schraffiert.

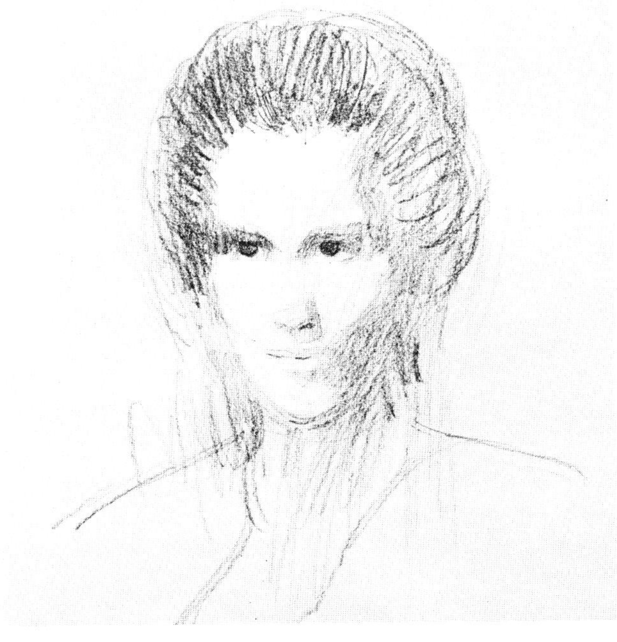

Schritt 3 Sie arbeiten noch immer mit parallelen Strichen. Führen Sie den Bleistift sanft über das Papier, um das Haar und die Schatten ganz allmählich ins Dunkle zu steigern. Umreißen Sie mit dem Bleistift die Iris, die Nasenlöcher und den dunklen Mundspalt. Mit weiteren Linien betonen Sie die Schultern und die Form des Kleides.

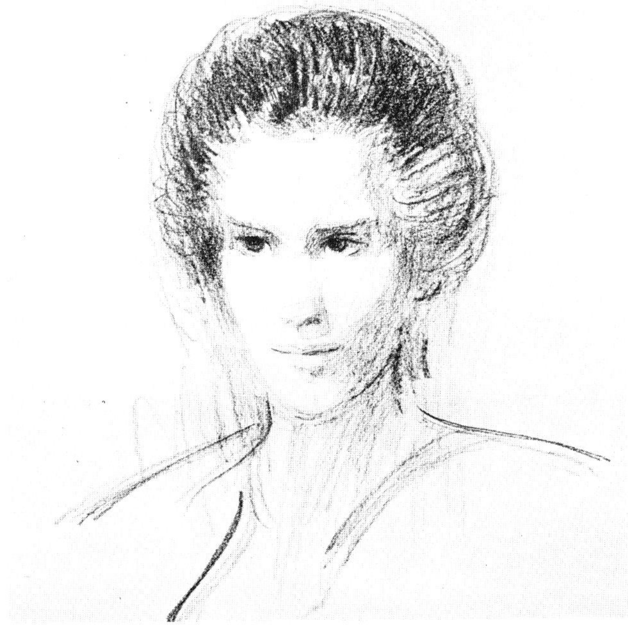

Schritt 4 Mit gebogenen Linien tönen Sie das Haar dunkler ein. Arbeiten Sie die Konturen der Augenhöhlen mit dunkleren Strichen nach und umreißen Sie dabei die Augenbrauen, die Lider und die dunklen Pupillen. Mit der Bleistiftspitze verstärken Sie den Mundspalt und betonen die Linien der Wange, des Kiefers, des Halses, der Schultern und des Kleides.

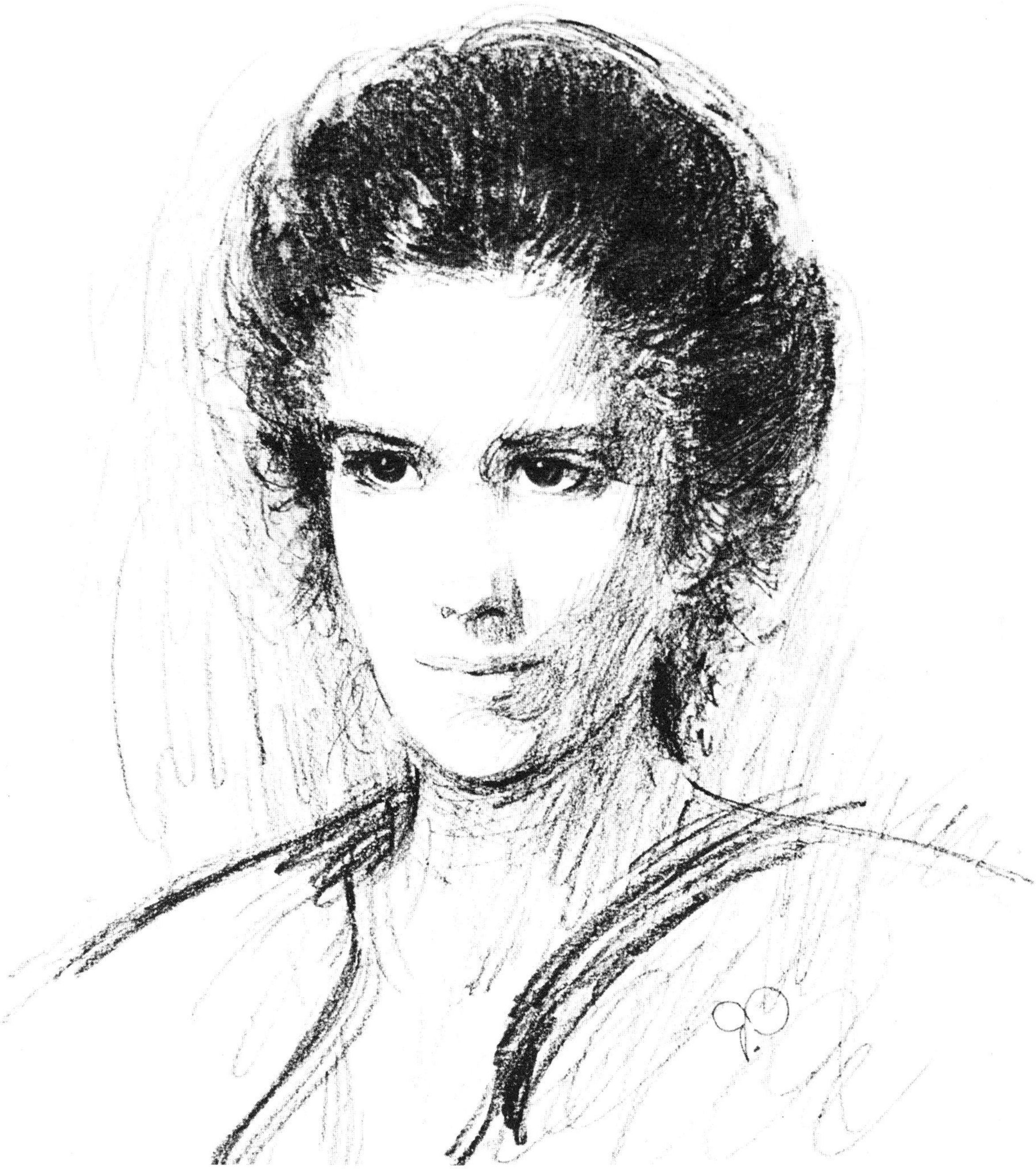

Schritt 5 In dieser letzten Arbeitsphase drücken Sie den Bleistift immer stärker auf und verstärken so die Dunkelheiten. Die dunklen Striche des Haares verschmelzen zu einem durchgehenden Ton, in dem Sie einzelne Haarsträhnen erkennen können. Verstärken Sie mit der Spitze des Bleistifts die Augenbrauen und die -lider. Heben Sie mit der spitzen Kante eines Knetgummis die Glanzlichter in den Augen heraus. Mit der Bleistiftspitze arbeiten Sie die Nasenlöcher stärker heraus und betonen die Schatten am Nasenwinkel; dann ziehen Sie die Linie der Lippen stärker nach und vertiefen die Schatten an der Unterlippe. Mit parallelen Schraffuren tönen Sie die Schattenseite des Gesichtes nach unten gehend bis zum Hals dunkler ein. Die Kinnspitze wird stärker umrissen. Die Linien der Schultern und des Kleides werden mit mehreren Strichen verstärkt. Zur Andeutung eines Hintergrunds wird ein heller Ton um den Kopf herum schraffiert. Diese Art der Bleistiftzeichnung ist besonders interessant, weil alle Töne durch Striche aufgebaut werden, die der Form folgen. Die kurzen, gebogenen Modellierungslinien folgen der geschwungenen Form des dunklen Haares des Modells, die Striche auf dem Gesicht folgen den Rundungen der Stirn, der Wange, des Kiefers und des Halses. Sie können zwar auch Tonwerte durch Verwischen mit der Fingerspitze schaffen, aber alle Töne dieser Zeichnung werden durch wiederholt übereinandergelegte Schraffuren aufgebaut.

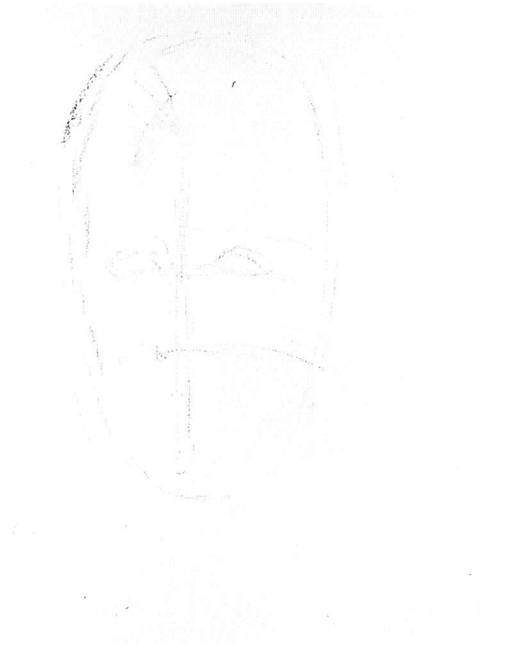

Schritt 1 Besonders wirkungsvoll stehen die Striche einer Kohlezeichnung auf einer strukturierten Oberfläche. Dieses mit Kohle gezeichnete Porträt beginnt mit hellen, gebogenen Linien, die die Außenumrisse des Kopfes und des Haares skizzieren. Eine senkrechte Mittelachse teilt den Kopf; waagerechte Linien markieren die Gesichtszüge.

Schritt 2 Drücken Sie die Kohlestange stärker auf und betonen Sie die Außenumrisse; dann zeichnen Sie die Formen der Gesichtszüge. Ein diagonaler Schatten verläuft von der Nase bis zum Kiefer; ein anderer krümmt sich nach unten über Stirn, Wange und Kiefer. Diese Schatten werden sorgfältig gezeichnet und dann mit parallelen Strichen ausgefüllt.

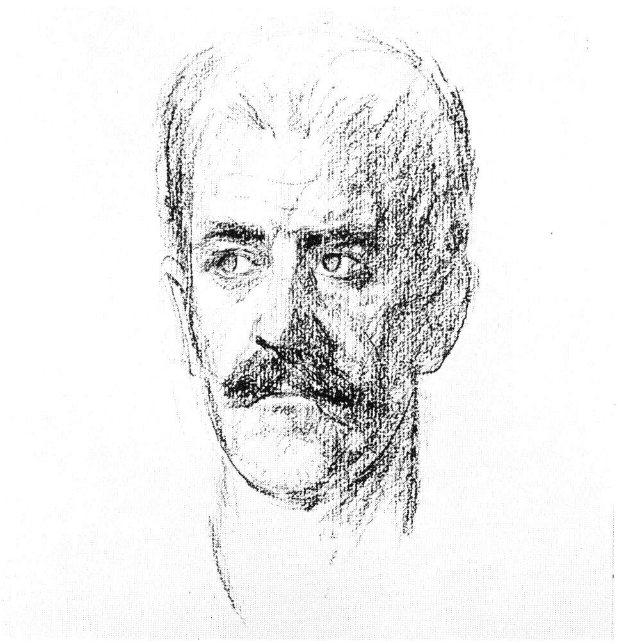

Schritt 3 Die über das strukturierte Papier hin- und herbewegte Kohlestange baut allmählich die Schatten, die Augenbrauen und den Schnurrbart auf. Der strukturierte Zeichengrund bringt einen körnigen Strich hervor. Mit der Kante werden noch einmal die Konturen und die Gesichtszüge nachgezogen: Augen, Ohren, Nase und Mund sind jetzt deutlicher.

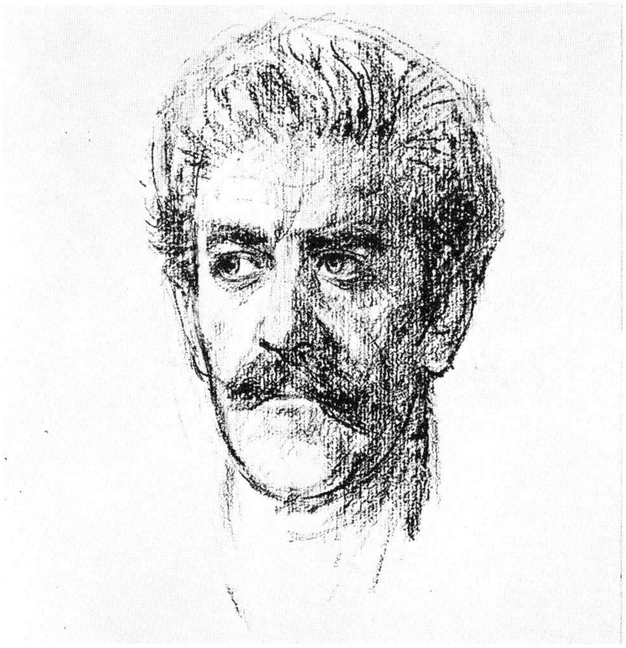

Schritt 4 Mit der Kante der Kohlestange zeichnen Sie ein paar Haarsträhnen und verstärken die Linien der Gesichtszüge. Jetzt sind die Augenlider deutlicher zu sehen und Pupillen zu erkennen. Die Details der Ohren und der Nasenlöcher werden nachgearbeitet. Parallele Striche tönen die Schattenseite des Gesichtes und des Halses dunkler ein.

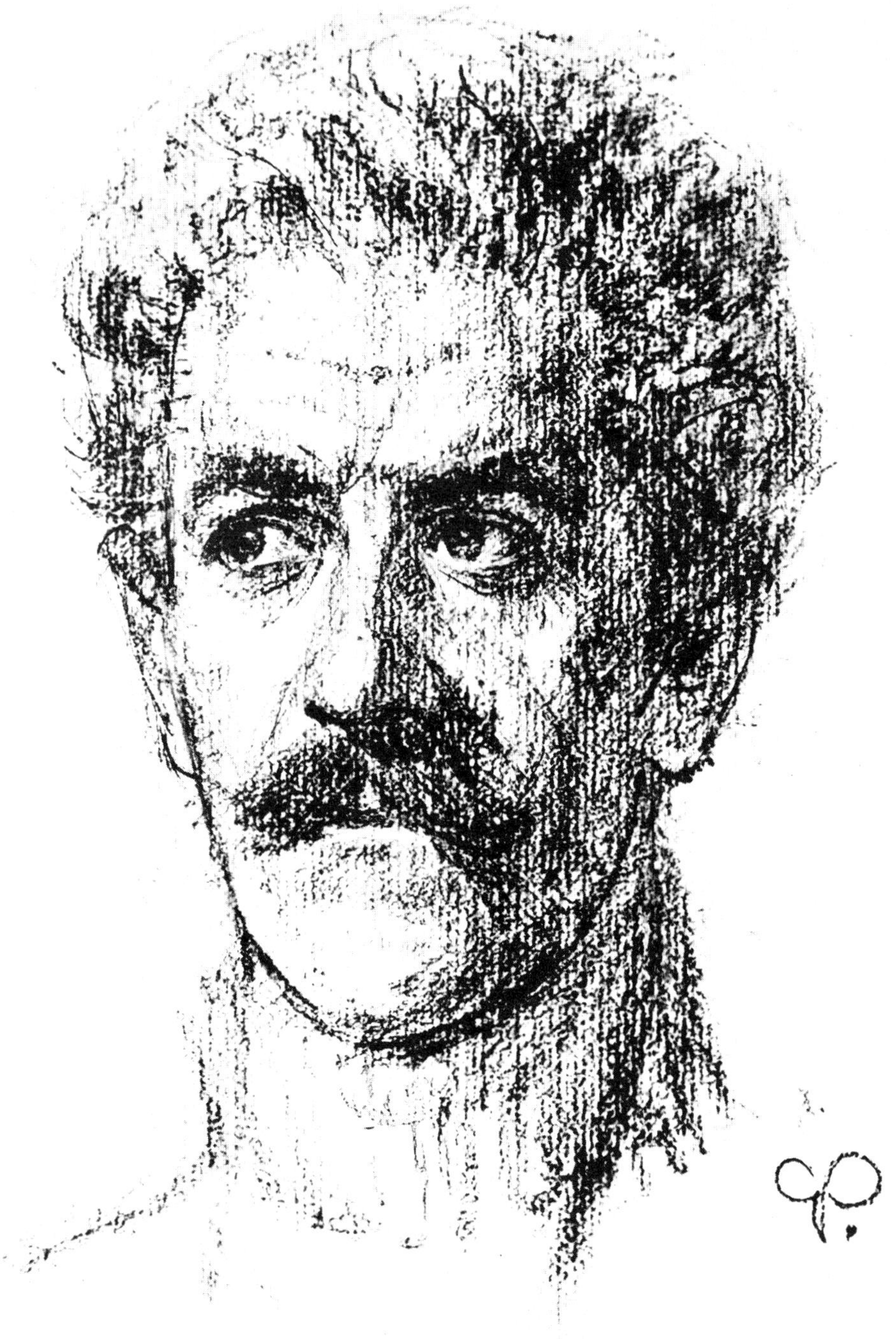

Schritt 5 Bisher wurden fast alle Arbeiten mit der Kante der Kohlestange ausgeführt. Wenn Sie die Kohle quer nehmen, so können Sie damit satte Tonbahnen erzielen. Jetzt gehen Sie schraffierend über das Haar und die Schatten und gewinnen durch das Übereinanderlegen dieser breiten, körnigen Striche mehr Tontiefe. Der Rollkragen wird in gleicher Weise angelegt. Die Augenbrauen, der Schnurrbart und die Schatten der Nase werden mit breiten Strichen vertieft. Mit der Kante der Kohle fügen Sie die letzten wenigen dunklen Linien hinzu, die die Konturen der Augen, der Nase, des Mundes und des Kiefers betonen. Kohle kann - wie Bleistift - mit der Fingerspitze verwischt werden, um eine malerische Wirkung zu erzeugen. Eine Kohlezeichnung ist aber wirkungsvoller, wenn Sie das Verwischen vermeiden.

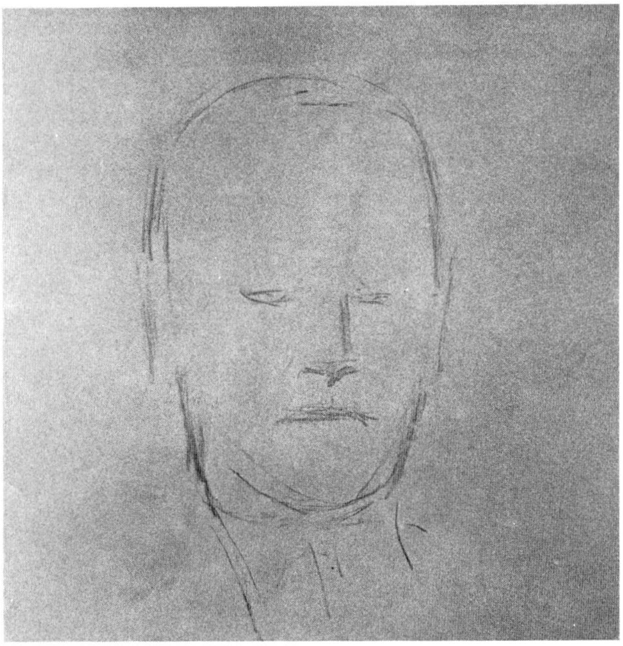

Schritt 1 Eine Kreidezeichnung kann besonders wirkungsvoll sein, wenn Sie auf grauem Papier mit zwei Kreiden, einer schwarzen und einer weißen, arbeiten. Dieses Porträt beginnt ohne die üblichen Hilfslinien für die Gesichtszüge. Wenn Sie genügend Übung haben, sollten Sie die Außenkonturen des Kopfes zeichnen und dann mit ein paar Linien die Lage der Gesichtszüge bestimmen.

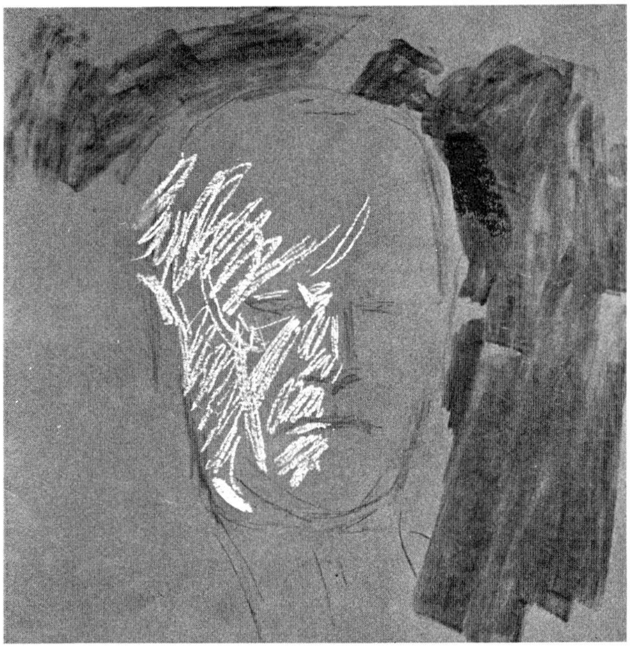

Schritt 2 Mit der quer genommenen Kreide führen Sie breite, dunkle Tonbahnen an den Kopf heran. Dann deuten Sie schraffierend mit der weißen Kreide die belichtete Seite des Gesichtes an. Das ausgesparte graue Papier stellt die Schattenseite des Gesichtes dar.

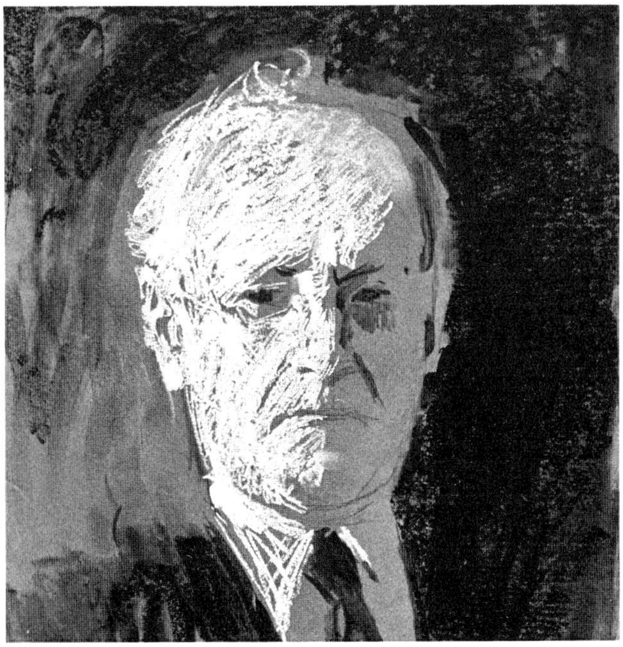

Schritt 3 Mit der weißen Kreide gehen Sie noch einmal mit parallelen, diagonalen Strichen über die belichtete Seite des Gesichtes und lassen dabei das graue Papier für die schattigen Augenhöhlen, die Ohrmulde und die dunklen Linien der Gesichtszüge stehen. Mit der schwarzen Kreide führen Sie den Hintergrund dunkler an den Kopf heran.

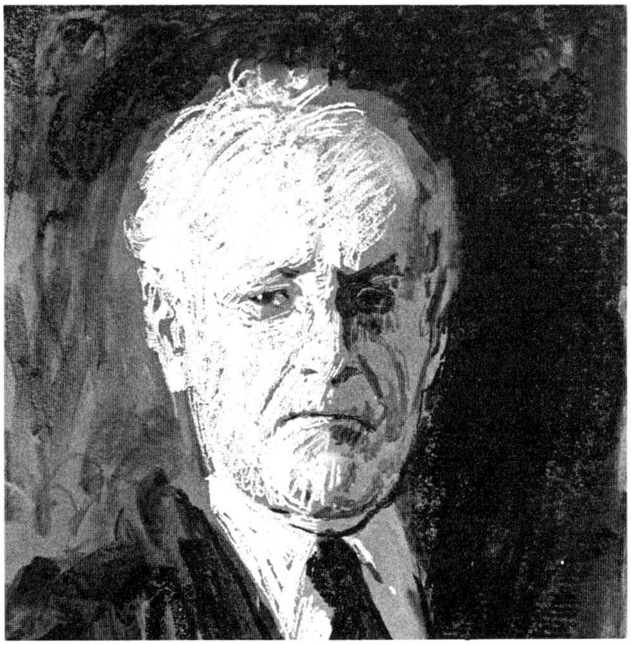

Schritt 4 Mit der scharfen Kante der schwarzen Kreide zeichnen Sie die Augenbrauen, die Augen, die Nase, die Falten, den Mund und das Kinn in zügiger Strichführung. Ein Hauch weiße Kreide setzt einem Auge ein Glanzlicht auf. Mit der Fingerspitze verwischen Sie die weiße Kreide, um einen weicheren, durchgehenderen Ton zu erzielen; dabei löschen Sie aber die einzelnen Striche nicht aus.

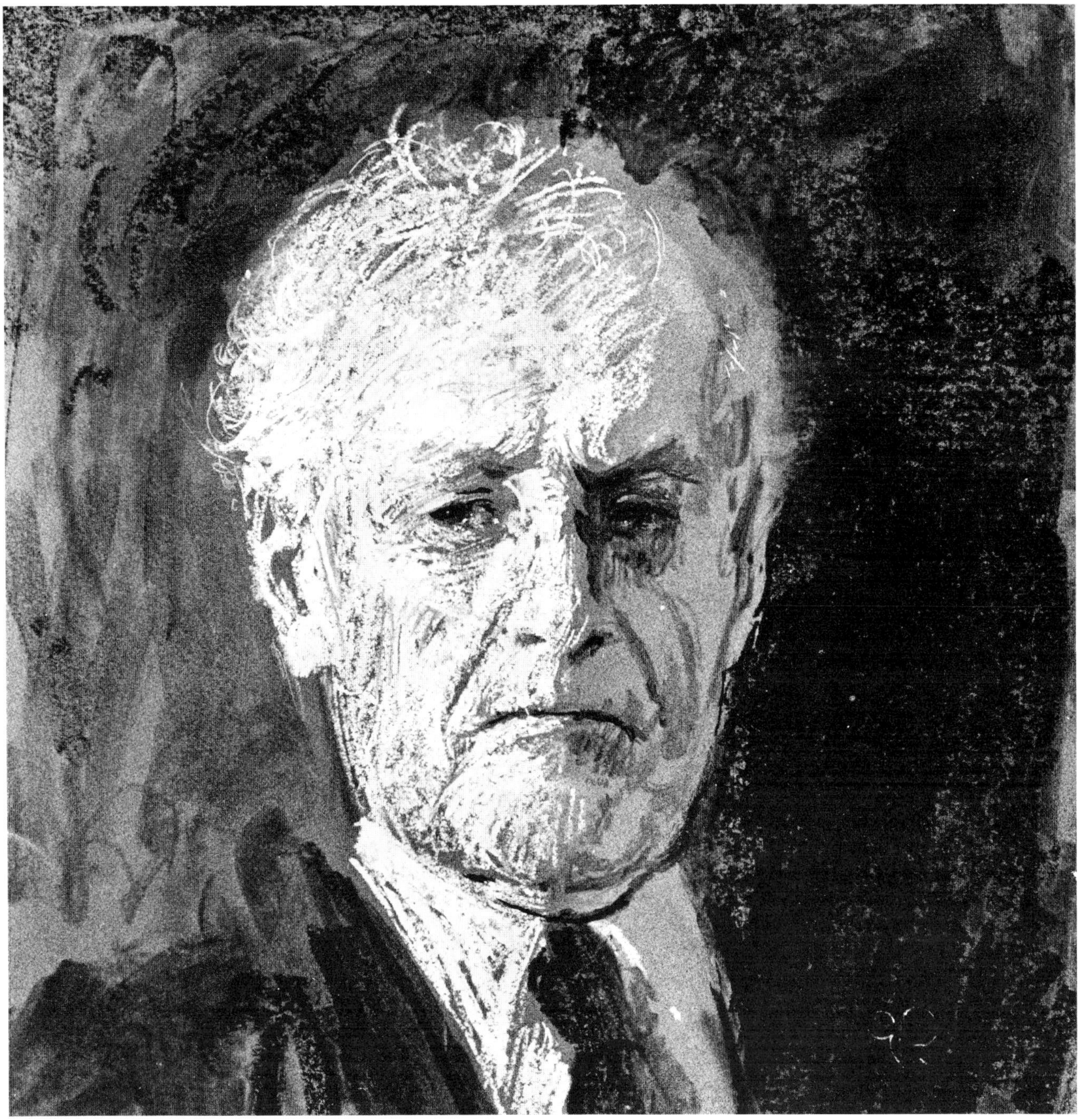

Schritt 5 Das Porträt wird mit der scharfen Kante beider Kreiden vervollständigt. Mit der weißen Kreide fügen Sie ein paar Haarsträhnen und hier und da den Augen weiße Spuren hinzu. Mit der dunklen Kreide betonen Sie die schattigen Linien auf der dunklen Seite des Gesichtes. Prägen Sie sich die Technik dieses Porträts in Kreide ein. Es ist im wesentlichen ein Porträt in drei Tonwerten. Die weiße Kreide nehmen Sie für die Lichter, die schwarze Kreide für die Dunkelheiten. Das Papier übernimmt die Aufgabe eines Mitteltons, der zwischen den Tönen dieser beiden Kreiden liegt. Mit nur ein paar Strichen der schwarzen Kreide wird das Papier zur Schattenseite des Gesichtes. Kreide - wie auch Kohle - kann verschiedenartig verwendet werden. Mit der Kante läßt Kreide Linien von bemerkenswerter Schärfe zu, während sie quer genommen breite Striche wie ein Borstenpinsel hinterläßt. Beim Arbeiten mit schwarzer und weißer Kreide auf grauem Papier - oder mit brauner und weißer Kreide auf gelbbraunem Papier - wird Ihr Porträt so reich an Tonwerten wie eine Malerei.

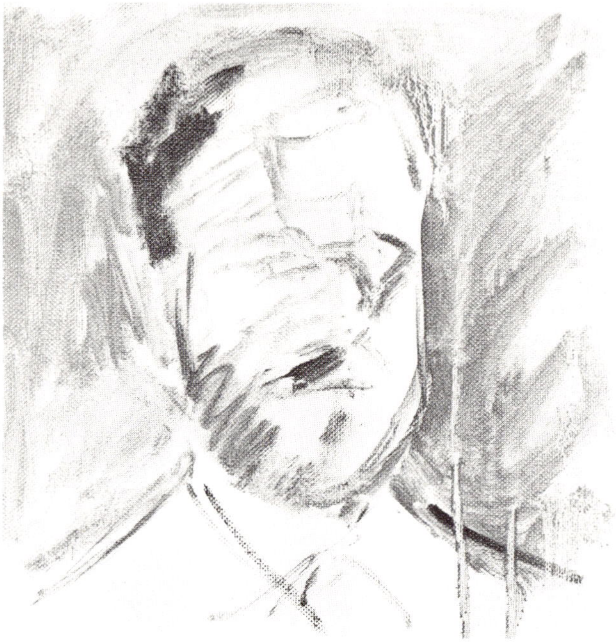

Schritt 1 Zur Anfertigung einer Vorzeichnungsskizze in Öl mischen Sie Schwarz und Weiß auf der Palette, um eine Vielzahl an Grautönen zu erzielen, die Sie mit Terpentin verdünnen. In flüchtiger Strichführung wird der Hintergrund angelegt, die dunklen Partien des Haares, des Bartes, die Schattenseite des Gesichtes und die dunkle Augenhöhle auf der belichteten Seite.

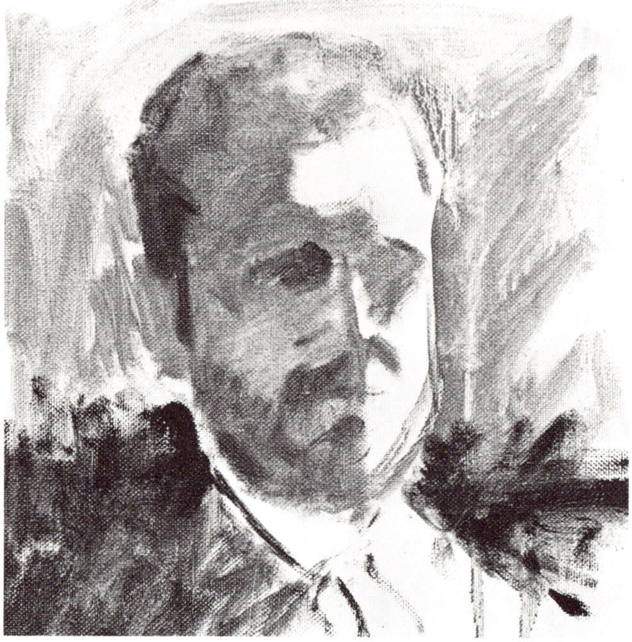

Schritt 2 Die Schattenseite des Gesichtes wird mit einem durchgehenden Ton übergangen. Auf diesen Ton schraffieren Sie die dunkleren Flecken für das Haar, den Bart, den Schnurrbart und die Augenhöhlen. Ein anderer Fleck stellt die Augenhöhle auf der belichteten Seite dar. Schraffurstriche deuten die Schultern und die Landschaft im Hintergrund an.

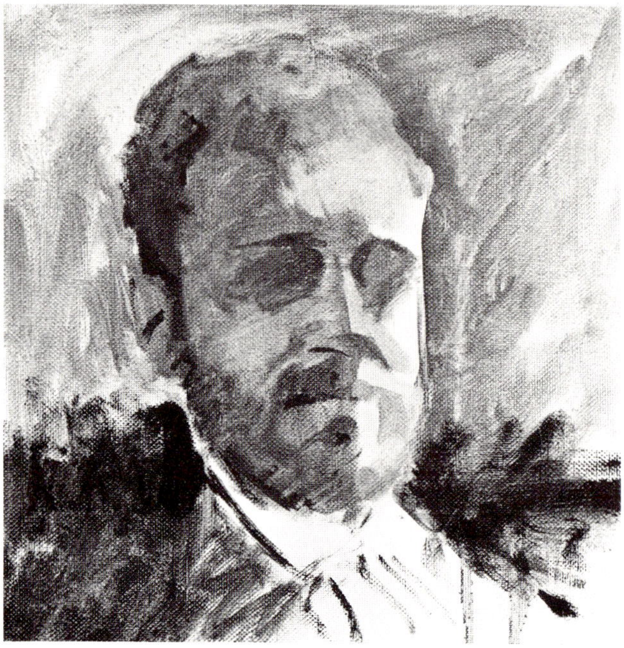

Schritt 3 Mit einem schmaleren Borstenpinsel und präziseren Strichen umreißen Sie die Linie des Haares, das Ohr, die Linie des Kiefers, die Brauen, die Nasenlöcher und die dunkle Linie des Mundes. Der erhellten Seite des Gesichtes fügen Sie Zwischentöne hinzu - auf Stirn, Wange und Kiefer. Der Hintergrund wird zur Betonung des Gesichtes etwas vertieft.

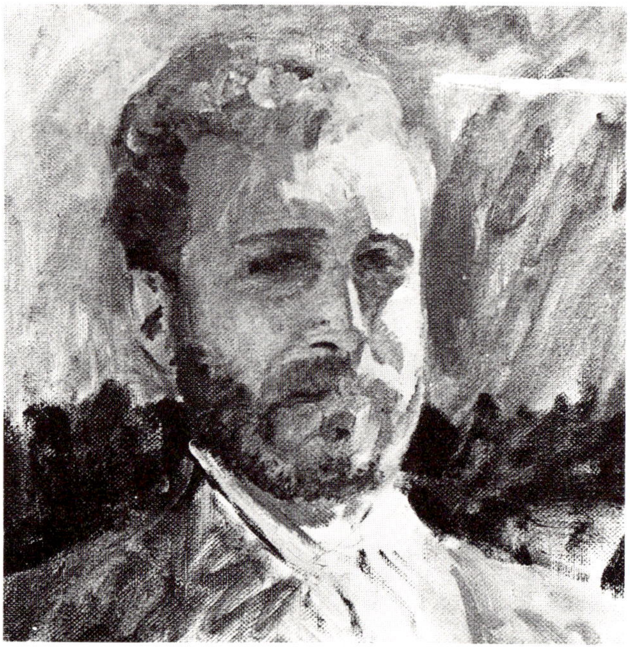

Schritt 4 Bisher sind die Lichter ausgespart geblieben. Jetzt werden sie mit dicker, sahniger Farbe übergangen, die die belichteten Partien auf Stirn, Wange, Nase und Kiefer umreißen. Malen Sie mit dem Pinsel die Pinselstriche auf der Schattenseite des Gesichtes ineinander. Arbeiten Sie mit dunklen Aufstrichen die Gesichtszüge heraus und deuten den Bart an.

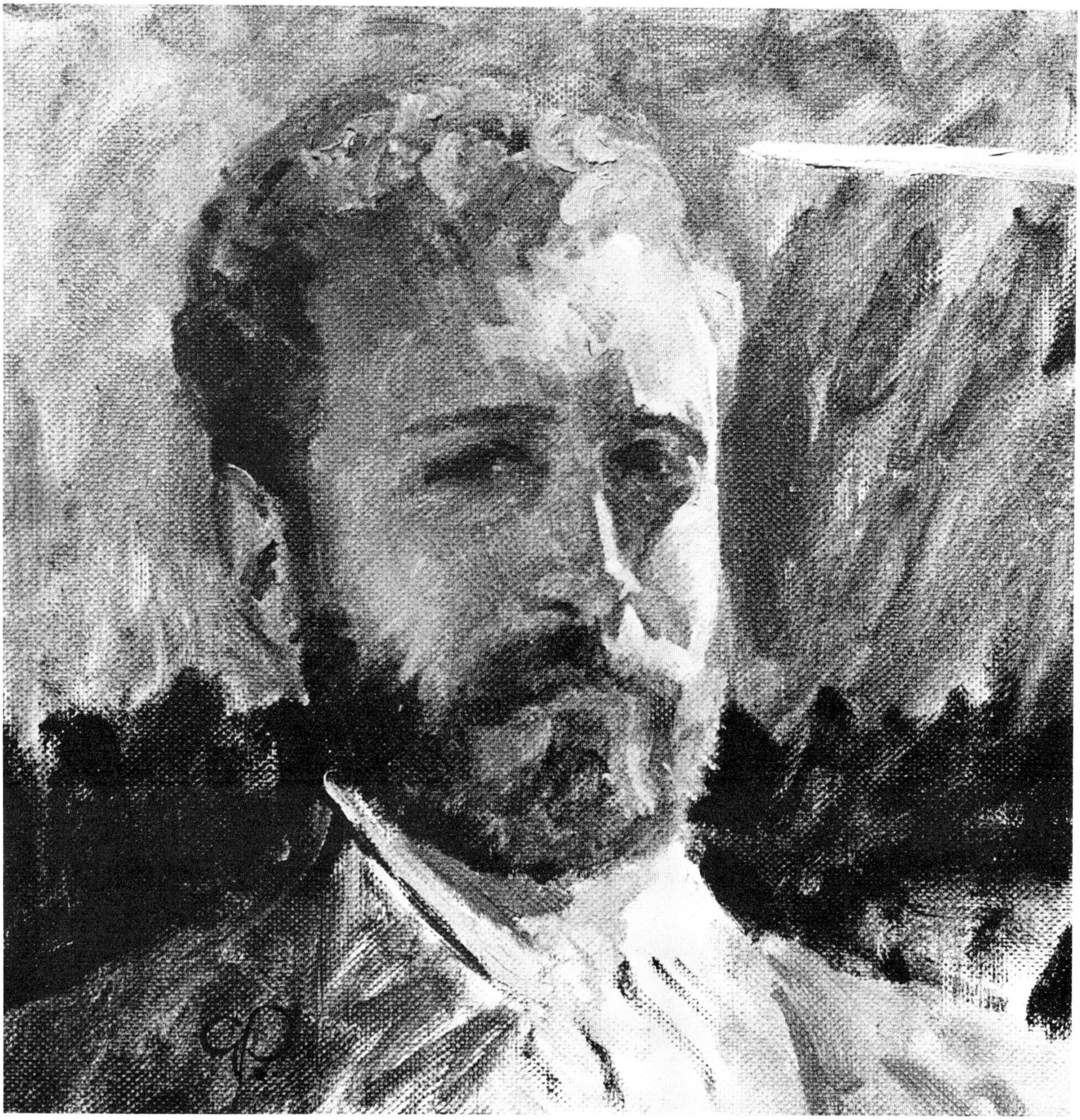

Schritt 5 Mit der Pinselspitze fügen Sie das Weiße im Auge hinzu, betonen die belichtete Seite der Nase und der Wange und arbeiten Details auf der belichteten Seite des Bartes nach. Kurze, dicke Aufstriche deuten die Struktur des Haares an. Mit einem Lappen wischen Sie auf der dunklen Wange etwas Farbe heraus, um reflektierendes Licht anzudeuten. Der Hintergrund wird mit dunkler Farbe schraffierend an die belichtete Wange zur Betonung der hellen Kontur herangeführt. Die ganze Skizze besteht aus großzügig angelegten Licht- und Schattenpartien und geht nur auf sehr wenige Details ein. Die Ölskizze kann in der Tat enorme Porträtähnlichkeit haben – das beweist, daß sehr wenig Details für erfolgreiches Porträtieren notwendig sind, solange die wesentlichen Formen richtig erfaßt werden.

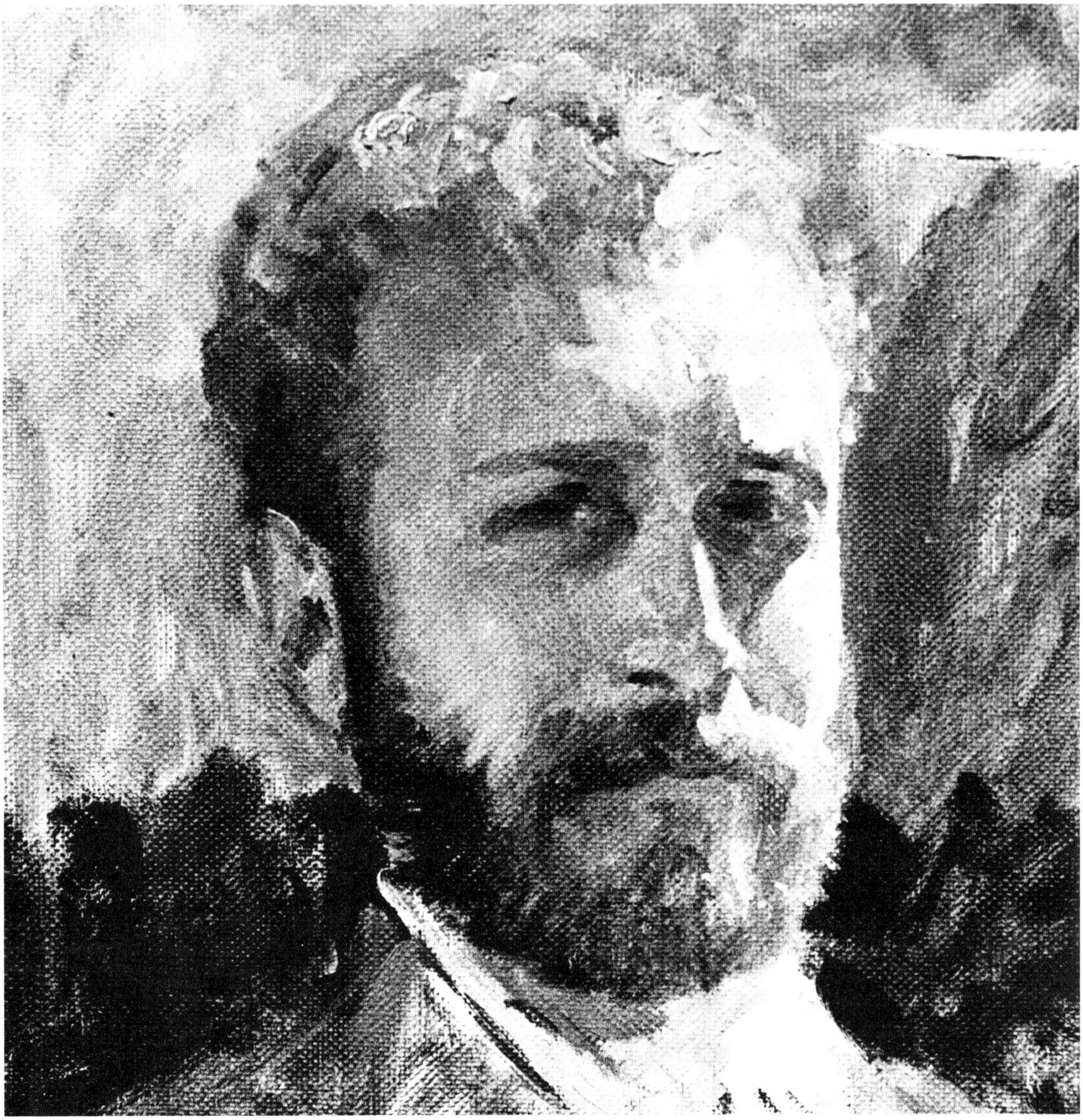

Schritt 6 (Vergrößerter Ausschnitt) Der vergrößerte Ausschnitt des letzten Arbeitsganges verdeutlicht die letzten wenigen Veränderungen in den Tonwerten. Die Winkel der Augenhöhlen werden dunkler gemalt, damit sie tiefer wirken. Dick aufgesetzte Glanzlichter werden der Stirn hinzugefügt. Mit ein paar dunklen Strichen arbeiten Sie die Struktur des Bartes stärker heraus und deuten Details an. Auf der belichteten Seite der Stirn stellen Sie mit kleineren Strichen vereinzelt vom Licht beschienene Haarlocken dar. Das Nasenloch wird dunkler eingetönt und die Nasenspitze schwach mit einem Lappen herausgewischt, um reflektiertes Licht innerhalb des Schattens anzudeuten. Der Künstler könnte die Tonwerte noch stärker herausarbeiten und weitere Details hinzufügen - vielleicht auch Farbe -, bis aus der Skizze ein fertiges Porträt entstanden ist. Aber eine erfolgreiche Ölskizze ist eine in sich abgeschlossene Arbeit - die man an dieser Stelle am besten zu einem Abschluß bringt.